「ＮＨＫから国民を守る党」の研究

えらいてんちょう
（矢内東紀）
著

KKベストセラーズ

「ＮＨＫから国民を守る党」の研究

はじめに

自由主義・民主主義を守るために

2019年7月の参議院議員選挙において、一人の新人参議院議員と一つの新たな国政政党が誕生した。立花孝志議員（当時：51）と、「NHKから国民を守る党」（以下・N国党）である。

立花とN国党の選挙戦略は今までの政治の常識からかい離しており、支持者以外の一般市民やメディアに大きな衝撃を与えた。

ユーチューブを通して独自の支持基盤を有するN国党は、メディアによる批判的な言説に対して積極的に実力行動を起こし、選挙中に法令違反にならない程度の「ヤジ」に対して「私人逮捕」で反攻し、以て批判的な言説を封殺するなど、言論の自由に対して大きな攻撃を続けている。

また党首の立花は、証拠に基づいた事実の認識ができず、妄想に基づいて物事を進めるほか、歴史の知識など基本的な教養を持たず、その一方で自身を「法律・数字の専門家」と称し、党の運営においても独裁的にふるまっている。

立花は、過去の2ちゃんねるでの書き込みにおいて「NHK職員を殺害し、受付の女性を誘拐し、職員の子供を人質にする」「テロを起こす」などと表明し、またそれに対しなんらの反省も示さず、参議院議員となった。

その危険性にかかわらず、ユーチューブ動画の面白さにひかれた人、NHKの受信料制度や、組織としてのNHKに不満を持っている人、あるいは政治家としてのキャリアを積みたい人が立花のもとに集まり、今や国会に進出するまでになった。

既存のメディアは、批判したメディアに対して取材を拒否したり、あるいは集団的示威行為を加えて言論を封殺しようとしたりする立花らの動きに対して、どのようにふるまえばよいのかわからないでいるように見える。

私は、自身も10万人以上のチャンネル登録者数を有するユーチューバーとして、立花のユーチューブの特徴や視聴者層の分析をしてきた。それをふまえ、拙著『ビジネスで勝つネットゲリラ戦術［詳説］』（KKベストセラーズ）において、参院選に通る前のN国党が躍進する理由について解説した。

本書では、無視できない大きさになったN国党について、なぜN国党がここまで支持され、国会で議席を獲得するまでに至ったのかについて正しい知識を提供する。さらに、ユーチューブというテクノロジーが利用され、日本の民主主義が生み出したN国党という現象に対してどう対抗していくか、そして今後出てくるであろうN国党的政治から、どのように自由主義・民主主義を守っていくのかについて、分析して示していく。

「ＮＨＫから国民を守る党」の研究——目次

第二章　ユーチューブと立花孝志　35

第三章 N国党を他団体と比較する 97

れいわ新選組からオウム真理教、ナチス、トランプ現象まで 99

第一章

立花孝志の正体とN国党の誕生

2ちゃんねるに独り言をずっと書き込んでいた変なおじさん。それが立花孝志である。基本的には誰にも相手にされないような人だった。しかし、そういった評判を気にせずにずっと喋ることができてしまう能力があった。ユーチューブの登場によって、独り言でも繰り返し喋ることで、響く人には響いていく。これが現実なのだ。次第に伝播していき巨大組織になっていったのがN国党である。

立花は最初から実名で2ちゃんねるに書き込みを行う有名人だった。だから、発言が追いやすい。言ってることは14年前当時から変わらず、最初から支離滅裂である。初期にはNHKへの憎悪があった。自分が20年間にわたって尽くしてきた組織に裏切られたという思いは、尋常ではなかった。さらに、自分の独善的な政治思想を述べつづけ、反対者には脅迫を用いたり、裁判を起こしたりして、排除する。そういった独善的な思想の持ち主であるということが14年間の書き込みを遡ってわかったことだ。

世に出回った「立花孝志やN国党」に関して書かれた記事はすべて入手した。この章では「立花孝志の正体」や「N国党誕生の経緯」を遡り検証した。

誕生、経歴、行動原理、選挙歴、発信内容の変遷

立花は、２ちゃんねる（以下2ch、現・5ちゃんねる）やツイッター、ユーチューブの動画において膨大な発言を実名で行っており、これを時系列順に追いながら分析することで、Ｎ国党の成り立ちについて知ることができる。

もっとも、立花は後述のように事実をねじ曲げたり、偽ったり、誇張したりすることも多々あるため、発言の一貫性や整合性を加味して発言の真偽を分析する必要がある。

幼少期の家庭環境

立花は、１９６７年生まれ、大阪府泉大津市助松団地出身。

条東小学校→小津中学校→大阪府立信太高校卒業後、ＮＨＫに入局した。庶務であった、

経理であった、記者であったなど、記述には錯綜が見られるが、庶務から経理に移っていく勤務しており、記者の手伝いをすることもあったとするのが妥当であろう。
立花孝志名義で書かれたＮＨＫの記事は発見できず、また本人のユーチューブでたびたび初歩的な漢字を書くことができない場面が見られるなど、記者としての勤務をしていたと信じられる理由はない。
生家は家庭的な安定がなかったようである。製紙会社に勤める父と専業主婦の母との間に、三歳年上の姉を持つ長男として生まれる。立花が五歳のときに両親が離婚。父母ともに浮気をしていて、「父と私と姉の三人で生活した」。家に子供だけで過ごす状況を危惧した母親が戻ったが、立花は両親が会話をする姿を見たことがない。
「両親がほとんど家にいないし、寂しい家庭で育ちました。団地で一人ぼっち……。父親も母親も不倫していて、いつも浮気相手と一緒にいたんですよ。父親は普通のサラリーマンでしたが、たまに家にカネを置きに帰ってくるとスグに出ていってしまいました」（ＦＲＩＤＡＹ ＤＩＧＩＴＡＬ２０１９年７月29日）
「小学５年生から新聞配達のバイトをして何とか生活していました……」（同記事）
中学生になると夏休みには親戚の船会社でバイトをしていたという。

その後、府立信太高校では進学コースに進むも、「折角NHKから就職枠の話が来ているのに、就職コースには通りそうな人がいなかったから、自分から申し出て」NHKに入局した。（週刊文春2019年8月29日号）

安定的な家庭環境になく、自分の力で食っていくしかなかった頭の回転の速い少年が、NHKという巨大組織への就職のチャンスをつかみ、経済的な安定を得て、それを心のよりどころにしていた様子がうかがえる。

なぜNHKを退職したのか

NHKは立花の退職理由について発表していない。立花が語る退職理由については、二転三転しているのですぐに信用することはできないが、「ソルトレーク五輪の現地経理担当者」として「約三〇〇万円の裏金を作った」ことなど、NHKの不正経理について内部告発（週刊文春2005年4月14日号）したことが原因とされている。その結果、「スポーツ放送権料の秘密を公開したため懲戒停職1か月」「オリンピックで裏金を作ったとして懲戒出勤停止7日間の処分を受け、後に依願退職」（JAPANISM 2017 36号）に至ったとされている。自分をつくりあげた組織に裏切られた……そのルサンチマンが立花の一貫する行動原理である。

立花は退職後すぐに2chのNHK板にいわゆる〝コテハン（固定ハンドルネームの略。匿名が基本である2chにおいて、特定の名前で活動すること）〟として書き込みを開始、以後続けており、その思想の変化を追うことができる。

初期の立花は、

「公共放送は必要です。公共放送がなくなれば国民には、民間放送や国営放送というお金持ちや権力者からの情報しか入ってこず、気が付いたら憲法が『改悪』されてします。我々そして我々の子孫が再び戦場に行かなければならない危険性があります」（原文ママ）

など、反戦・民主主義重視・民主主義の根本たる公共放送についての提言を行っている。

また、

「今後のNHKについて私なりの考え…NHKを『株式会社』と『公共放送』の2組織に分割する。……公共放送の財源は受信料とする。しかしこれまでの世帯ごとではなく1台につき1契約とする。月額100~300円が理想。未契約テレビにはスクランブルをかける。しかしニュースや緊急放送はスクランブルをかけない」

など、NHKを公共性のある放送とそうでない放送にわけ、公共性のない放送については受信料を支払っていない個人に対して電波を止める〝NHKのスクランブル放送化〟についても言及している。

2chコテハン時代の書き込み

立花が長文でNHKの理想について語る一方、スレッドの反応は芳しくない。

「いや　あんたにキレイごとは望んでないから。あんたの使命は実名入りの暴露話だけだから。その使命を充分に果たしておくれ」

「キレイごと&建前は子供でも書ける」

「■■■ 夢はチラシの裏にでも書いてくれ ■■■」

といった2chへの書き込みが、最初期の一般的反応だ。

一方で、

「立花さんの意見はほぼ私の考えていたことと同じです。このぐらいわかりやすくしてもらえれば受信料も払う気が起きます。

余談ですが、月額100円にできるならTV購入時にまとめて10年分納付でもいいと思います。一軒一軒職員が集金に出向くのも悪くないですが人件費を考えると高くつきすぎです。」

といった、「建設的な議論」も2chでは散見される。

集金人についても以下2chでは、

「私は営業職員の雇用の問題を考えました。銀行口座引き落としをやめて各家庭を訪問し、視聴者に番組作りに参加してもらう、いわば視聴者と制作現場の架け橋としてやりがいのある仕事をしてもらえたらいいなと思っています。営業職員の経費を受信料の回収経費だけと考えるのではなく、番組の企画費や視聴者とのふれあい費と考えればいいのではないでしょうか？」

とするなど、集金人の雇用問題についても考える様子がうかがえる。

「まず私は法律の専門家でないことを前提に読んで下さい。『私は欠点だらけの人間です。人間誰しも欠点はあります、しかしその欠点ばかりこだわっていても仕方がない。欠点は欠点としてしっかり受け止め、その上で自分を好きにならないと自分のする事に責任が持てない。私はめんどくさがりやなので、いいかげんなところはたくさんある。しかしいいかげんをして間違ったら素直に謝るし、反省もする。』」

など、自身の専門分野以外のことについては謙虚に言及する姿も見受けられる。

「証拠がない決めつけはいけない」などと、証拠を大事にする考えもある。

パチプロ時代の所得

一方で、反対者に対して、

「なによりあなたの目的はなんですか、私を困らせてどうしたいのですか？　もしＮＨＫ職員ならそんな後ろ向きな考えではなく前向きな気持ちで新しい公共放送を一緒に作っていきませんか？　楽しい気持ちになれますよ」

と2chに書き込むなど、自分がしていることは巨悪との対峙《たいじ》であり、反対者はＮＨＫ職員ではないかと疑うなど独善的な思考回路も垣間見える。さらに、

「私は実名を明らかにしている、ここに匿名を使って私を侮辱した方々に警告します。私は既に民事裁判であなた方を侮辱罪で訴える権利があります。…私が侮辱を受けたと感じた書き込みで謝罪がない場合は法的措置をとります」

とも書き込むなど、反対者に対して裁判を起こす等、批判者を許さず、公的な機関を利用して批判を封じようとする様は現在に通じる。

立花はＮＨＫ退職後、パチンコで生活費を稼いでいたいわゆる〝パチプロ〟である。

「本題のパチンコの利益の申告ですが、私は一切申告していません。税法上、パチンコの所得を申告する義務はないからです」

と発言するなど、「物心ついたときからパチンコを打っていた」（Business Journal　2019・8）という立花は、法令遵守《じゅんしゅ》の考えが薄く、税法の知識がないことも見て取れる。ＮＨＫ問題では2019年現在、「処罰のない法は破ってもよい」と公言する立花は、「あなたの薦めている事（やっている事）は放送法違反になります。厳しい言い方をすればあなたは犯罪者なのですよ。（罰則がないだけで歩行者が信号無視しているのと同じ）」などと、立花の「ＮＨＫに対する抗議行動」に苦言を呈する2chへの書き込みに対して強気の反論をしている。

概して、初期の立花の書き込みはＮＨＫに対する愛憎が5割、パチンコで稼いでいるという自慢が5割で、NHKとパチンコのことしか頭にないことが見て取れる。

政治家への願望

立花の意見表明は2ch以外にも多岐《たき》にわたるため、政治家になると決心した時期は必ずしも確定できないが、「私のめざしている政治家はいままでの政治家のイメージとはまったく違うものです」との書き込みが2007年1月30日にあることから、遅くともその時期までには、将来的には政治家になりNHK改革に着手することを決心していることがわかる。

支持している政党について「特に支持している政党はありません。ちなみに2005年9月の選挙では自民党に投票しました。今年（2007年）の7月の参議院選挙では民主党に投票する予定です」としているが、新たな政党に投票したいとの発言もある。

パチンコでは年間1000万円にせまる収入を得ていたとしている。

パチンコ以外にも月10万円家賃収入があったが、2007年4月には所有物件を売却したとしている。その他、内部告発者としての記事の寄稿・取材協力などにより、年間66万

1505円の収入を得ていたとしている（2006年）。

初の法廷闘争と敗訴

【初の裁判】
NHK受信料支払い凍結　請求事件

大阪府堺市
原告　立花　孝志　電話・FAX000―0000―0000
原告に対する書類の伝達は、上記住所にお願い致します。
〒150―8001　東京都渋谷区神南二丁目2番1号
被告　日本放送協会（NHK）
上記代表者会長　橋本　元一
訴訟物の価額　金19，530円
貼用印紙額　金　　　円

第1　請求の趣旨

1　被告は、原告に対して請求している日本放送協会放送受信料、金19，530円（平成17年12月〜平成19年1月分の14か月分）の支払い請求を、下記2もしくは3の条件を満たすまで凍結しろ。

2　日本放送協会放送受信料（以下受信料という。）は「一律負担」が原則であり、衛星付加料金という「受益者負担」と考えられる料金制度を設定している事は、「一律負担」によってのみ保つ事の出来る「放送の公平性」を侵害している。よって衛星付加料金を今すぐ全廃しろ。

3　衛星付加料金はあくまで「付加」料金であるので、視聴者に対して契約の自由を与えろ。契約の自由とは、NHK衛星放送のスクランブル化である。現在の放送法では、視聴の有無に関係なくNHK衛星放送を受信出来る設備を設置した時点で、契約の義務が発生する。しかし衛星民間放送だけを視聴する目的で衛星放送受信設備を設置する視聴者もいる。よってNHK衛星放送をスクランブル化する事によりNHK衛星放送の視聴を希望する視聴者とのみ受信契約するようにしろ。

2007年4月26日木曜日午後1時30分・407法廷

立花の「法廷闘争」はここから始まった。当初は弁護士等代理人をつけて提訴するつもりであったが、代理人の選定が難航したため本人訴訟を選択している。結果は立花の敗訴。その後の2chへの書き込みは「パチンコで稼いでいる話」と「NHKへの呪詛《じゅそ》」が半々であり、たびたび精神の不安定を指摘され「ドクターに相談に行きます」と発言するなど、「おかしなおじさん」として扱われる。

精神の不安定とテロ計画

「324 名前：立花孝志◆85DXY2.GA6 []投稿日：2011/07/12(火)11：24：01・42 ID：gGuKHmy8
今は上司が憎いって感情はまったくありません
ただNHKを依願退職した前後は殺したい上司たくさんいました
頭の中で放送局ジャックしてました。
スタジオ乗っ取りして、スタジオの中と局外に人質をとって生放送させる。そこにウソついている上司を呼び出してホントの事を言わないと殺害する。

もちろんその模様を生放送する。

まず殺したい上司の子供を誘拐して山奥に監禁する。

ＮＨＫの地方の放送局の受付の女性を人質にして、その地方局のスタジオから全世界に生放送を要求する。

その場で私を殺せば人質の子供の居場所がわからず餓死してしまうという二重人質システムにより私の主張が終わるまで生放送をさせる事が出来る
現在私は幸せなので、無謀な行動はしませんが、私がガンなどで、余命が短くなったり、ＮＮＫがあまりにひどい事をするようなら、私は放送局ジャック【電波ジャック】をやります！」


という２０１１年7月の書き込みでは、暴力的手段を辞さずに自分の主張を通すという考えを明らかにしている。

また、２０１２年の「私はテロ起こす計画を既に24チャンネルや講演会で発表しています。がんなどで私の生命の限りが発見できた場合はテロします」と自身のツイッターで発表しており、本稿執筆時2019年8月現在削除されていない。

統合失調症・双極性障害の疑い

これらは自身が公表している統合失調症・双極性障害の症状の表れとも考えられる一方、これらの発言に対して反省の見解を述べている箇所が発見できず、自身の独善的な考えを通すためには手段を選ばないという立花の一貫した態度が見て取れる。

週刊文春への不正経理内部告発から、NHK退職に前後して開始された2chへの書き込みやその他のメディアへの露出までを総合的に判断すると

①在職時より育まれたNHKへの愛情と、そのNHKが自分を切り捨てたことに対する怒りの感情から異常なまでのNHKへの執着

②自分を裏切ったと立花が判断したものへの、刑事告訴や民事訴訟および自身のチャンネルにおける個人情報の暴露と、視聴者に対する攻撃の呼びかけ

③捕まらない限りは犯罪ではない、刑事告発や民事訴訟の権利は誰にでも認められている、

そういった制度を自身に都合のよいように利用し、自身の主張を通そうとする「脱法的行為」

といったことがその後の立花の思想と行動を決定づけている。

すでに醸成されていたこれらの態度が、NHKに対して自分の主張が通らないこと、世論に影響が出ないこと、または妻との離縁、3・11の震災などによって強化されていったのが2005~2011年の立花の歴史といえる。当時は「2chのおかしな政治おじさん」であった立花が、いかにして参議院議員・国政政党の長となっていったのか。その答えは「ユーチューブ進出」にあった。

第一章のまとめ

◆ 2ちゃんねるに独り言をずっと書き込んでいる変なおじさんが立花孝志である。実名で2ちゃんねるに書き込みを行っていた。

◆ 20年間にわたって自分をつくってくれた組織であるNHKに対して裏切られたという思いが、その後のNHKに対する憎悪となった。

◆ NHK退職後の生活費はパチンコで稼ぐパチプロだった。パチンコの打ち子の親であり、ある種の組織をつくることができる才能があった。

◆ ユーチューブの登場によって、立花が独り言をずっと喋ることで共感したり、そこから正義を読み取ったりする支持者が出てきた。

◆ 自分の独善的な政治思想を述べ続けて、反対者には脅迫をしたり、訴訟したりして排除する。暴力的手段を辞さずに自分の主張を通すという考えを明言している。

第二章

ユーチューブと立花孝志

独り言を喋る変なおじさんというのは、普通は嫌がられるし疎まれるものだ。

しかし、ユーチューブとかツイッターはつぶやきなので、どんな支離滅裂な話でも自分が好きなことをずっと喋ることができる。そしてそれを聞きたい人だけが聞く。どんな荒唐無稽な話にもそこに正義を読みとったりする人間が集まりだす。

それが支持者だ。支持者が多くなれば選挙にも出られるようになる。選挙で勝てば、その利益を目当てにまたひとが集まってくる。それがN国党の現状である。

ユーチューブによっていままでの政治常識もだいぶ変わってきている。

「文春砲の無効化」とも言われるように、立花がどんなに金銭トラブルを起こしても、強弁して自分を正当化した動画を流し続ければ、毎日記者会見しているのと同じだ。

しかもその記者会見はひとからの突っ込みが入らない、自分の正義を一方的に撒き散らすだけだ。

政治権力の基礎は民衆からの支持。記者会見でマスコミからの批判に耐えて民衆の支持を得ているのとは別の回路で、つまりどんな批判も無視する形で支持を集めることができるというのがユーチューブの特徴である。

この章では、立花孝志がユーチューブをつかって参議院議員になれたロジックを明らかにした。立花孝志に対して真っ当な批判をすればそれで済むと思ったら大間違いだ。

N国党の変遷、得票の理由、批判の難しさ

2chでの「コテハン」としての活動を続けつつ、パチンコの打ち子集団の長として日銭を稼ぐ立花に転機が訪れたのは、2011年9月のことである。立花はこの前後、「尖閣諸島中国漁船衝突映像流出事件」の〝sengoku38〟こと一色正春氏と面会をし、「立花孝志ひとり放送局」の着想を得たようである。

「もはやテレビはインターネットには勝てない！　私がYouTubeに映像を出せば私一人でも放送局になれる時代なのです。これは先日お会いした元海上保安官の一色正春さんから頂いたヒントです」（2011年9月26日）

と、立花は興奮気味に2chに書き込んでいる。

立花は「チャンネル桜」への出演や、雑誌での取材協力などでたびたび、NHKに対す

る怨恨《えんこん》や放送法に対する持論を展開しているが、それをなんらの媒体を通すことなく、好きなように喋ることができるユーチューバーは、まさに天職であったといえるだろう。

「ツイッターとユーチューブのおかげで最近ほぼ2チャンネルを利用しなくなってしまいました。」（2012年3月18日）

との通り、この後は発信手段としてはユーチューブをメインにしている。

2011年の動画投稿開始は、執筆時現在日本人ユーチューバーとして最大の登録者数を誇る「はじめしゃちょー」の2012年3月よりも早い。ユーチューブ黎明期・「ユーチューバー」という言葉が定着する前から動画投稿を開始しているのである。

ユーチューバー立花孝志の誕生

動画投稿開始当初は2chで繰り返しているNHKへの批判のほか、パチンコの打ち子募集、電通とNHKの癒着《ゆちゃく》といった陰謀《いんぼう》論めいた無編集動画をあげる支離滅裂なチャンネルであった。

記者会見を終え、ポーズを取る「NHKから国民を守る党」の立花孝志。
2019年10月8日、参院埼玉選挙区補欠選挙に出馬する意向を表明した。（写真：時事）

　また、パチンコの打ち子として雇われていた当時未成年だった娘の友人の少女が立花の資金を持ち逃げしたとして民事裁判を起こすと主張し、繰り返し少女の個人情報をアップロードするなど、〝おかしなおじさん〟であり、視聴者の反応も芳しくなかった。

　立花は2chで、

「私を批判している人は決して見ないで下さい。特にNHK役職員が私のユーチューブを見たら100万円請求するので絶対に視聴しないで下さい。」

「〇〇（立花の組織した打ち子組織の人間・個人名）を単純横領罪「刑法252条1項」で刑事告訴します」

「【拡散希望】パチンコ玉を持ち逃げした、東大阪市在住の〇〇ちゃん19歳の親の住所と氏名を知りたいです。正しく教えてくれた方には謝礼3万円差し上げます」

など、自分と争いの起きた人間の個人情報を公開するプライバシーへの配慮のなさは動画投稿開始当初から一貫したものである。こういった支離滅裂な動画をアップロードする様子は、〝見よ!! 神の姿 聞け!! 神の声〟などと2chでは揶揄《やゆ》されていた。

「私のYouTubeは1日平均3000回ご覧頂いております。Twitterのフォロワーは2600人を超えています。少しずつですが手応えを感じています」（2012年4月28日）

「毎日少しずつですが、確実に私の不払い方法によって不払い者が増えています。私のNHKとの闘いは8年目を迎えました。これまでのNHKの対応が私の武器に返信しています」（原文ママ、2012年4月29日）

「本日Twitterのフォロワーが6000人を超えました。ありがたい話です。またYouTubeの視聴回数は本日60万回を超えました。最近は一日平均約1万回ご覧頂いています」（2012年5月27日）

との書き込みの通り、２chでの不評とは裏腹に、ユーチューブでは独自のフォロワーを獲得していき、ともに活動する人間も増えていく。

立花孝志ひとり放送局

「【拡散希望】本日【立花孝志ひとり放送局（株）】設立【税理士兼公認会計士兼市議会議員】に依頼しました」（２０１２年８月８日）、「ＮＨＫに払った受信料を返金してもらう会社を立ち上げます。弁護士や司法書士と契約して、キチンと法的手続きをしてＮＨＫに消費者契約法第１条や民法第90条、『契約の取り消し』を裁判所に認めてもらい、支払済みの受信料を返金してもらいます」

というように、「ひとり放送局（株）」の当初の目的は、受信料奪還のための箱であった。その後はユーチューブからの収益や、「ユーチューブ視聴料」名目で募った募金を入れる箱として活用している。

２０１２年９月９日にアップロードされた動画では、１口１０００円で株主を募集している。その後も株主を募集し、最終的に5000万円分の株を販売するも、増資の登記は行われず、後に「個人の借入だった」などと説明し、週刊文春で「詐欺行為の疑い」と報じられている。

「タココラ」大橋昌信の登場

柏市議会議員の大橋昌信はおそくとも2015年前半までに立花のユーチューブ動画に登場し、当初は身元が明らかでなく、「ナニコラ、タココラ」などといった暴言を使うことから「ナニコラ」「タココラ」などと2chでは呼称されていた。

「NHKとの電話はすべて録画してYouTubeでアップロードします。（2012年6月20日）」の宣言通り、NHKへのクレームの電話を録画しアップロードするスタイルは2012年内には確立された。対応したNHK職員の実名をあげて「NHK職員さんへ○○は一般職か管理職か教えて下さい」（2012年6月7日）など、プライバシーを無視して独自に「告発」をする手法もこの時期には確立され、大橋は実践している。

「私は自分のためにはウソつきませんが他人のためにはウソつきます。ウソも方便と判断した時はウソつきます」（2012年6月20日）

と語る立花の発言は、「NHKをぶっ壊す」という大義のためには嘘もいとわないとの宣言とも受け取れる。

「【民意は法に勝る！】裁判は勝つためにやってるのではなく、民事裁判は、誰にでも簡単に安く出来ることを広めるためにやってます」（2012年8月17日）

「NHK職員各位　NHK広島放送局受信料特別対策センター【●●●●】NHK職員の正確な氏名と住所【郵便が届けばOK】を教えて下さい。私に賛同するNHK職員は、本日一斉に【●●●●】で、NHK局内のオンラインシステムにアクセスして下さい。誰が私に情報提供したのかわからないようにする為です。オンラインシステムにアクセスしなくても【●●●●】の住所わかる人は捨ててもいい無料アドレスを作って、私にメール下さい。tachibanakumi0112@hotmail.co.jp　2チャンネルへの書き込みでもOKです。●●●個人に対して民事裁判と警察に通報します」（2012年8月16日）

「【懸賞金10万円】ＮＨＫ広島●●●●職員の自宅住所教えて下さい」（２０１2年8月16日）

「●●●職員と●●●●職員の住所の情報提供者みつかりました。ご協力ありがとうございました」（２０１2年8月16日）

と、十分な苦情対応をしてもらえなかったと立花が考える職員を晒しものにし、また「警察に通報する」という動きもこの前後から始まっている。根拠は苦情処理に関する放送法27条「協会は、その業務に関して申出のあつた苦情その他の意見については、適切かつ迅速にこれを処理しなければならない。」に違反しているという独善的かつ法的には妥当性がないものとなっている。

私人逮捕の様子を動画でアップ

立花の行動はエスカレートしていく。

「【拡散希望】今日はＮＨＫ横浜放送局営業職員を逮捕しました。刑事訴訟法２１２条（原文ママ）を使いました。容疑は刑法２４６条詐欺罪です。警察は詐欺罪を認めてくれなかったので、逮捕したＮＨＫ職員から名誉毀損などで訴えられる可能性ありますが、いつでも

来い！って感じです」（ツイッター、2012年11月1日）

「【拡散希望】今NHK横浜放送局なう、NHK職員を現行犯逮捕しました。現在警察に身柄を引き渡しました」（同上）

柏市議選（2019年）では一言「嘘つき」といっただけの男性を集団で取り囲み、私人逮捕と称して拘束した。「柏市議選　私人逮捕」とユーチューブ検索をすれば、その一部終始の動画をご覧になることができる。以下に公開動画の一部を引用紹介する（ユーチューブ動画・立花孝志チャンネル「柏市議会議員選挙中に選挙妨害があり妨害者が逃亡を企てたので現行犯逮捕して柏警察に引き渡しました。」2019年8月3日）

このように、遅くとも2012年11月1日までには、刑訴法213条「現行犯人は、何人でも、逮捕状なくしてこれを逮捕することができる。」を利用して、自分の

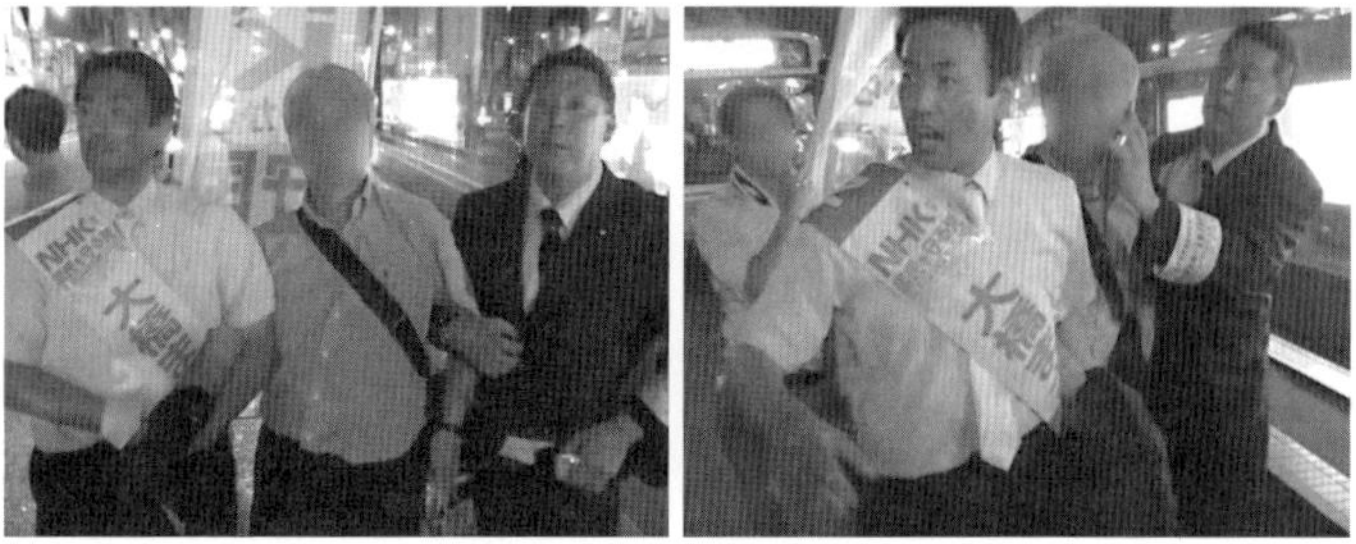

立会演説中に「嘘つき」とたった一言叫ばれただけで、大橋昌信はじめN国党支持者はその市民を追いかけ、恫喝しまくった。さらに「私人逮捕」と称して不当な拘束をする立花と大橋。

意にそぐわないNHK職員や集金人の身柄を不当に拘束し、動画をユーチューブにアップロードすることを繰り返している。

週刊文春によれば、立花は2019年8月までに少なくとも4度要件を満たさない「私人逮捕」により被疑者となっているが、いずれも起訴には至らなかった。

一方で、堺市長選挙（2019年）で、選挙妨害をした高齢者を「私人逮捕」した際には、その男性は実際に逮捕され、起訴に至っている。立花は語る。

「選挙妨害というのは非常に重罪で…女性の方とかが立候補する時にやっぱりああいうヤジとか飛ばされて怖いから立候補しないっていう人、大勢いるんですよ。…選挙をしている人がどれほど法で守られているのかについて、僕は発信するがために、あえて強く選挙妨害についてては出ています」（ニコニコ動画での高須克弥氏との対談、2019年8月24日）

このように、「選挙の自由を守る」といった大義名分を抱え、「一部の理」を押しだすことによって、自分の〝誤認逮捕〟などへの批判を抑えるというのも立花の一貫したやり方だ。

ユーチューブパートナープログラムの甘い汁

日本においては2012年4月に「ユーチューブパートナープログラム」が一般ユーザー向けに施行され、動画に広告をつけることで再生回数に比例した収入を受け取れるようになった。本人が公開する情報によれば、2017年時点で月平均15万円程度、2018年時点では60万円程度、参院選当選後には1日60万円を超えることもあり、2019年9月に振り込まれた収益は1247万円であったことを明らかにしている。

ユーチューブでは、ヘイトスピーチや暴力的な動画、著作権の侵害がある動画などをアップロードしたチャンネルはBAN（※利用停止のこと）され、収益を受け取れなくなることもある。立花自身のチャンネルも2018年に一度BANされている。

しかし、暴力的な動画の定義は必ずしも明確ではなく、基本的にはAIによって処理されていることから、立花がアップする「喧嘩動画」の多くには広告がつき、マツコ・デラックスのことを「有権者をバカにしている」などと言いがかりをつけて、「男か女かわからない物体」などと罵倒《ばとう》した動画等もその収益に寄与している。

ユーチューブでは揉め事がよく見られる。

N国党を初期から取材しているライターの畠山理仁《はたけやまみちよし》のインタビュー（日刊ゲンダイデジタル連載「N国党の正体」）では、立花は「その動画を見た人たちも喜んでくれる。妨害行為をしてくれる人は、私たちの視聴者を増やしてくれる『お得意さま』のような存在なんですよ」と〝選挙妨害者〟について語っている。

その理屈がいきつく先が、積極的に言いがかりをつけ、揉め事を起こし、対立を煽り、刑法さえも犯すような姿勢となっているのは周知のとおりである。

党を離党した二瓶文徳《にへいふみのり》中央区議会議員に対して「有権者をバカにしている」などと言いがかりをつけ、「お母さんや彼女も知っている」「人生を潰しにいく」「しばく」などと発言し、脅迫容疑で警視庁から事情聴取を受けた事件（2019年10月2日に書類送検）も、同様の理屈で説明できる。

揉め事は儲かる理由

警察に対しても「情報が漏えいしている」などと因縁《いんねん》をつけ、対立構造に持ち込むことによって、本人の犯罪について向き合うこともなく抗議を進めていくことの裏には、ユーチューブ上の合理性という前提がある。通常、被害届が出され、刑事上の捜査が進んでいる際には、被害者に謝罪・賠償し被害を回復して、刑事上寛大な処分を求めるというのが被疑者が行う行動であるが、N国党にその常識は通用しない。

なぜなら、騒ぎになり、揉め事が起これば儲かるからである。また、立花は「法律の専門家である」ため、法律上の争いにおいて非を認めることは、立花を法律の専門家と信じる支持者の離反を招きうる。

ユーチューブ上に集まっている支持者は、立花のユーチューブを基本的な情報源としており、警察に捜査されても警察の陰謀《いんぼう》、有罪判決を受けても裁判所の陰謀と強弁すればその理屈を受け入れていく。

そもそもの対立構造が「ウケ」るので、動画自体も再生されていく。そして、どんどん世間一般の倫理から遊離していき、より大きな社会的衝突を起こしていくという構図が容易に見て取れる。

かねてからN国党に批判的な「選挙ウォッチャーちだい」こと石渡智大は、選挙活動への取材を通してN国党の異常性について認識し、それをインターネット上で発表していたところ、立花らに住所を公開され、氏名を公開された。さらに「顔面偏差値35」などと誹《ひ》謗《ぼう》の限りをつくされ、立川市議のくぼた学（ニコニコ生放送にて「横山緑」として活動）の居住実態に疑義がある旨を報告したレポートについては「名誉毀損である」として200万円の損害賠償を求められた。

なお、この裁判の過程では立花が動画上で「これはちだい君に経済的ダメージを与えるスラップ訴訟である」などと発言していることが重視され、訴訟自体が不法行為であるとして、逆に78万円の損害賠償をちだいに支払うように地裁で判決が出た。

立花やくぼた、N国党は、これを反省するどころか、定例記者会見では筆者を含む批判者に引き続き提訴することを示《し》唆《さ》しながら、「時間がなくて証拠を出せなかった」などと稚《ち》拙《せつ》な言い訳を並べて「控訴します」とだけ言及した。

「ユーチューブのロジック」とは

一件荒唐《こうとう》無稽《むけい》に見える立花の一連の行動も、ユーチューブのロジックでは非常に合理的なものとして現れる。

まず第一に、ユーチューブへの投稿者には再生数ベースで広告収入が入るので、Googleの判断で広告が止まったり削除されたりしない限りは炎上してもなんの問題もない。そして、一般的に視聴者は「怖いもの見たさ」で揉め事の動画を見る。裁判は「おいしい」わけだ。

第二に、自分が法律の専門家であると視聴者に印象付けられる。立花は常に荒唐無稽な法解釈をしており、公職選挙法や放送法の条文知識こそ多くあれども、その適用はむちゃくちゃであることは法学の授業を1単位でも取っていれば明らかだ。

しかし、立花のユーチューブが主たる情報源であり、法学に明るくない立花の視聴者にとっては、繰り返し裁判を手掛ける立花はさも敏腕の弁護士のように見えることだろう。

第三に、裁判に勝っても負けても、ユーチューブ上で相手を「被告」（民事の場合）だとか「容疑者」（刑事の場合）などと呼称することで、初見の一般視聴者に対しては論戦相手のほうが「悪い」という印象を与えることができる。

ユーチューブ上で「ちだい」と検索すれば「ちだい被告」という文字列が並び、立花がどのような効果を狙ってこのタイトルをつけているのかは想像に難くない。以下のとおりだ。

「【選挙ウオッチャーちだい】氏は【法律知識が無い】立花さんとのやり取りでよく解ります」立花孝志
「選挙ウオッチャーちだい被告との裁判がスタートしました1」立花孝志
「横山緑が選挙ウオッチャーちだい被告と裁判してみた」立花孝志
「選挙ウオッチャーちだい被告VS久保田学の裁判は終わります」立花孝志

日本維新の会の沢田良《さわだりょう》参議院議員選挙候補者に対するものや、共産党に対するものなど、立花の一貫した名誉毀損行為は合理的確信のもとで行われているもので、悪質である。その他事例も枚挙にいとまがない。

候補者の名前で検索すれば、まったく事実無根の公職選挙法違反が検索サジェストに出るようになることを立花は狙っており、意識的なデマの拡散は民主主義の基礎を害する。

この例も以下に示す。

「日本維新の会 沢田 良候補者が、公職選挙法違反をしてたので埼玉県警に通報しました」立花孝志
「共産党の違法行為を注意して刑事さんに通報しておきました。共産党公認で葛飾区議会議員選挙で、落選した樋口まこと　という人…」立花孝志
「【共産党 逮捕】現職国会議員を撃退！公選法違反で逮捕してみた！【吉良よし子容疑者】神回」立花孝志
「【解説】共産党の違法行為を注意して刑事さんに通報しておきました。共産党公認で葛飾区議会議員選挙で、落選した樋口まこと…」立花孝志
「共産党の違法行為を注意して刑事さんに通報しておきました②共産党公認で葛飾区議会議員選挙で、落選した樋口まこと　という人…」立花孝志

このようなデマの拡散につながる「ユーチューブのロジック」を放置してはならない。

立花の法に対する考え方

２０１９年４月25日にアップロードされた「やってもいい法律違反とやってはいけない法律違反の違い　これを知っていると女性にモテますよ」と題する動画で、以下のように語っている。

「法、犯罪行為、違法行為、不法行為…犯罪って何なんだ。法律や条例などで書いてるけどもやることです。もう典型的なものは古いんですね。ＮＨＫと契約をしない、テレビがあるけど契約しませんというのは違法行為です。契約をしておきながらお金払わないのは不法行為ということです。

この違いをよく理解しておいてください」

また、２０１８年12月24日にアップロードされた「法律を守るより正義をつらぬけ！」という動画では、以下のように述べている。

「法律なんか正直どうでもいいと僕は思ってるんですね。…法律よりも、正義、道徳、こっちの方が大事です。馬鹿な大人、というか大多数の大人は法律を守れとか、悪法も法の内だとか言いますけども、そんなの法律よりも正義とか道徳の方がよっぽど大切です。僕は、法律違反を堂々とやります」

立花の独善的な態度

以上のように、立花の法に対する態度は固まっている。

1. 罰則があるものが犯罪であり、罰則がない法は犯してよい。
2. 違法行為の多くは古い。
3. 罰則のない違法行為については、裁判で救済されればよい。
4. 罰則のある犯罪でも、正義に適うと立花が確信すれば犯してもよい。

いうまでもなく、正義や道徳観はひとによって異なり、多くの国民に共通の正義を抽出したものが法である。個人の正義感に基づいて法に背く行動をしてもよいということになれば、過激派のテロ事件でも正当化されてしまう。

例えば、国会議員には憲法擁護義務が課せられているが、一方で憲法を破ったところで罰則はない。立花の理屈をそのまま採用すれば、国会議員が憲法を破ったってなんの問題もないということになる。

そして、実際に表現の自由や基本的人権の尊重に対する攻撃を加える立花は、憲法擁護義務など存在しないかのようにふるまっているし、N国党所属の国会議員である丸山穂高も、領土問題について「戦争で取り返すしかないんじゃないですか」などと憲法9条を軽視する発言を繰り返す。

上記のような考え方の結果として、個人情報保護法に反してNHK集金人や、自分の気に食わない反対者の住所を公表するといった行為が生まれる。新しいメディアであるユーチューブへの顔出しは当然のことであり、〝反対するということは何かやましいことがあるはずだ〟と大声を出せば視聴者は納得するし、仮に肖像権を侵害していても裁判で訴えればよい。このように違法行為を継続するわけだ。

自己中心性を物語る象徴的な出来事

三つ、立花の法に対する態度を象徴する出来事がある。

一つ目は、森友学園関係者が死亡した件について、摂津市議会議員の渡辺慎吾《わたなべしんご》市議が遺体の状態を知っていたことなどから、渡辺が殺害に関与した疑いがあるとの動画をアップロードした事件である。

渡辺は立花を名誉毀損で刑事告訴及び損害賠償請求し、刑事告訴では嫌疑《けんぎ》不十分で不起訴になったものの、民事訴訟では名誉毀損を認定し31万４８６８円の賠償責任を課したが、立花はこの支払を拒否したというものだ。

この事件から、立花は根拠なく物事を主張し、事実誤認があれば裁判を起こせと言うものの、裁判で確定した賠償責任をも拒否するという極めて自己中心的かつ整合性のない言動をする人物であるといえる。

二つ目は、著述家の菅野《すがの》完《たもつ》氏と「森友学園問題」について話した通話においての発言である。立花は森友学園問題において部落・同和利権が関わっているという自説を述べ、菅野氏からその根拠について問われると「今回はないですよ」とした上で、以下のように述べている。

「だって、名誉毀損で済むような問題だったらやってしまえって考えですよ、僕は。あのね、人の体とか、有形物を壊すとか、いわゆる何って言うんだろう、心とか体が傷つく程度だったらアレですけど、その名誉毀損ぐらいに関してはね、公人だったらいいと思っていますよ、僕は。」「それは「東スポ」さんとか、そういうところで相当走っているじゃないですか。——世の中、東スポが必要だっていうことがあるから東スポは売れているわけでしょ、実際に。会社として経営しているわけでしょ?」（【選挙ウォッチャー】練馬区議補選2018・NHKから国民を守る党のスタンスについて。選挙ウォッチャーちだいの記事より引用）

として、自身のスタンス——真実性を確保しないままに騒いでよい、そういった役回りも必要であり、自身は「東スポ」のように飛ばし記事を書く——を明確にする。

三つ目は、参議院議員当選後の2019年8月に行った「集金人に暴力団関係者」発言である。

「集金人がどれだけ怖いか。むちゃくちゃする。全員ではないが暴力団関係者を普通に使っている」とAbemaTVにおいて発言した上で、「集金人の被害が出てないんだったら、僕、NHKから名誉毀損で訴えられてるでしょう。国会議員が公の記者会見でNHKの集金人は暴力団員みたいな、暴力団とつながってるって明言してるんですよ。事実だからね。…違うんだったら違うで、いくらでも受けて立つよ、NHK。暴力団みたいな奴じゃん、そんなの、何をもって暴力団というかわからないけど」（「マツコ・デラックスをぶっ壊す！ 国会議員がマツコ・デラックスをぶっ壊す！」2019年8月5日）

と発言している。

先に断言した「暴力団関係者を普通に使っている」という文言を「何をもって暴力団というかわからないけど」と翻《ひるがえ》し、事実でないなら名誉毀損で訴えられているはずなのに訴えられていない、これは真実だからだ、という詭弁を弄している。

妄言を振りまいて、相手が何も言ってこなかったら自分の言ったことが正しかった証拠だ、そうでないなら裁判に訴えろ、というのも立花らの一貫した態度である。しかし立花らの不法行為により損害を受けた人間がその損害を回復するために措置を講ずるのか、またどのような措置を講ずるのかはその人間に一任されていることはいうまでもない。

立花は当の事実の存否は問題にせず、過激なことを言って自身のユーチューブ再生回数を稼ぐ、そうすれば収入も増えるし一定の割合で票にも結び付くという確信のもと、妄言を振りまき続けるのである。

警察との対立について

数字がとれればなんでもやるという立花であるが、揉め事の際にはすぐに110番通報をする。警察官臨場のもとで話し合いをしたり、〝私人逮捕〟した〝犯人〟を警察官に引き渡したりするなど、一見警察を権威として認め、従っているかのように見える。しかし、過去には、

「私は警察に逮捕される事など恐れていません。むしろ逮捕されたり、刑務所いくのは、いい経験になると考えてます。もちろん自分では警察に逮捕されるような犯罪をしている認識はありませんが」（2012年6月22日）

「昨夜警察官に職務質問されました。すべて録音しています。自動車の車内やトランクルームを見せて下さいと依頼されましたが、お断りしました。」（2012年9月7日）

などと2chに書き込みしており、必ずしも警察を権威として認めていないことが読み取れる。2019年9月に、党を離党した二瓶文徳中央区議に対する脅迫容疑で警視庁から取り調べを受けた際には、「警察が乗り出すというのは、警察はそんなにヒマなのか」と怒りを露《あら》わにしたり、「マスコミに事前に情報が漏れている、警察に守秘義務違反がある」という趣旨の発言を当然証拠もなくするなど、反警察権力姿勢も見せている。

自ら揉め事を起こし、事件のないところで110番をして警察官を呼んでいる人間が「警察はヒマなのか」はないだろう。

警察が信用ならないという結論になれば、揉め事の際に警察を呼ぶことも少なくなることが考えられる。そうすれば自らの正義の執行のために私刑を選ぶことになるという事例は歴史的に多く存在しており、その根源的な反社会性についてわれわれ市民が厳しく監視し続ける必要がある。

セクハラについて

立花は繰り返し「金と票と女は追えば逃げる」などと述べるなど、低俗な52歳の中年男性であるといえる。

たとえば、2019年1月14日には、「山口真帆のハメ撮り動画」なる動画をアップし、炎上したら、「売名になったのだからよいだろう」などと開き直った。

2018年9月20日には、「ツイキャス」で配信をしている女性配信者に対して、「昨日のトイレオシッコ配信もう一度して下さい」などと自身のツイッターに書き込んでいる。

性癖は自由とはいえ、公人としては常軌《じょうき》を逸《いっ》している。

N国党から配信者への出馬の打診

配信者とは動画共有サイトにおいて自身の顔を出し動画を配信する人のことをいい、とくにユーチューブ上で動画を配信する者をユーチューバーという。

立花は当初からユーチューブでの配信を重視しており、多くの配信者に対してN国党からの出馬を打診している。筆者も2019年7月の参院選後に「声をかける予定だ」と動画上で言われた。

そもそも立花がユーチューブでの配信で勢力を拡大してきたという自負があったのだろう。前述のとおり立花は2chコテハン時代、限られた電波である民放やNHKに対する個人配信者の優位性を強く認めている。

転機は2018年の立川市議会議員選挙において、ニコ生主として知られる「横山緑」ことくぼた学が当選したことだろう。「暗黒放送」という過激な放送で知られる横山緑は、ニコ生雑談配信者の中では有名人で、過去には放送中に「美顔器に陰毛が入っている」などと発言し、有罪判決を受けている。

横山緑の当選は、ユーチューバーや配信者にとって「あの横山緑が議員になれるなら、自分だって……」という気持ちを起こさせるものだったようだ。

２０１９年４月の統一地方選では豊島区に「ニコ生」配信者でのちにユーチューバーに転じた「ボウズＰ」ことくつざわ亮治（薬事法違反で前科有り・ユーチューブチャンネル登録者数２万４０００人）らが出馬・当選（くつざわは後に除名処分）。「あさなぎコンサルティング」の代表司法書士・加《か》陽《よう》麻《ま》里《り》布《の》（チャンネル登録者数１万７０００人）は、居住実態のない区から出馬し、当選ラインを大きく超える得票を得るもすべて無効票とされ、後にその処分の妥当性を争うため訴訟を提起するとしている。

２０１９年７月の参議院議員選挙では、「ふわっち」の配信者であった「えびぴらふ」こと佐藤恵理子（同２チャンネル登録者数２４００人）、「さゆふらっとまうんど」こと平塚正幸（同チャンネル登録者数１万４０００人、のち公認取り消し）らが出馬。７月に国政で議席を得た立花は、次期衆議院議員選挙に「マスザワ内閣」こと升澤《ますざわ》裕介《ゆうすけ》（同チャンネル登録者数５万人）を九州比例ブロック１位で擁立することを内定している（後に離党）。

また、同党二番目の議員として２０１５年12月に朝霞《あさか》市議となり、その後柏市議に転じた大橋昌信（同チャンネル登録者数２万人）や、２０１９年７月の参議院議員選挙で比例２位で立候補した浜田《はまだ》聡《さとし》（同チャンネル登録者数２０００人）は、立花がユーチューブチャンネルの開設を党員・

支持者・立候補者に奨励していることもあり、開設したものと考えられる。

立花はユーチューブをはじめとする動画配信サイトでの配信者を重視しており、配信者を党に勧誘する一方、自身の支持者を配信者にさせ、独自の支持者層を複合的に獲得しようとしている。

N国党に入党するメリットとは

一方、動画配信者側にとってN国党に入党し、選挙に出るメリットは多岐にわたり、また大きい。

第一に、当選した場合の社会的地位の向上である。動画配信者は所詮動画配信者であり、社会的信用はないに等しい。地方議員や国会議員といったステータスは、特に専業動画配信者にとって非常に魅力的なものだろう。ユーチューバーが社会的に認められてきたとはいえ、議員のもつ地位には比べるまでもない。

第二に、当選した場合の収入の安定である。動画配信者の収入は一般的に「ファンからの直接課金」と「広告収入」に分けることができるが、特に広告収入は月によって大きなばらつきがある。

筆者もユーチューバーとして活動する中で、当初は月1万にも満たなかった収入がいわゆる「バズ」によって月100万円を超えた。その後、動画の更新をしなかったり、再生回数が落ちたりすることで、最低で月10万円程度まで低下した。当初は趣味として片手間でやっていた配信でも、月50万円、100万円という収入になれば大きく、ほかの仕事をやめて専業の配信者になろうとするものが増えるのも理解できる。

編集や撮影のスタッフを増やすといった投資をすることもあるだろう。しかし、動画のPVは安定するものではなく、多くの場合は「ネタ」を探すのに苦労するようになるものだ。

動画配信者も人間であり、自分が持つ一番いい「ネタ」を順番に喋っていくのが通常であるから、新しい「ネタ」の供給がなければ最大の収入を超えるのは不可能だろう。

そんな中で、1000万円を超える年収も珍しくない議員という仕事は魅力的に映るだろう。

第三に、当選してもしなくても、選挙に出ること自体が話題になるということだ。N国党は基本的にはインターネットを中心に支持を広げた団体であり、インターネット上にはN国党の支持者が多く存在し、N国党に関する動画をあげるだけで再生回数が稼げる。先ほど指摘したように、内容いかんにかかわらず再生回数によって収入が決まる配信者にとっては、一定のPVが確保できる「N国党ネタ」はありがたい存在だ。また、選挙に出ることで、政見放送その他取材によってメディアに露出する機会が増えれば自身のチャンネルに新たなファンを呼び込める可能性がある。

既存のファンに対しても、いつもユーチューブで見ている彼が政見放送で話しているという状態だけでも一種の「ネタ」になり、「おいしい」というのが実情だ。

N国党入党に伴うデメリットのなさ

次に、デメリットのなさも指摘できる。

第一に、選挙戦を展開するにあたって一般人が気になるのが「他人の目線」だろう。目立つのはいやだ、顔と実名を出すなんて心配、そんな事情もあって、自分が立候補するなんてとんでもないというのが一般的な考えではないだろうか。

しかし、配信者は常に個人情報を一般にさらす仕事であり、むしろどのような形であれ名が売れることは歓迎なのだ。

第二に、定職についておらず暇な配信者が多いことがあげられる。配信業は炎上のリスクもあり、一般的なサラリーマンをしながら継続するのは困難である。逆にいえば、配信者として生き残っている人は一般的なサラリーマンでないことが多いのだ。

選挙戦などでまとまった時間を確保する際には、勤め人であれば有給を申請したり仕事の調整をしたりする必要があるが、配信者にとっては必要がない。

「炎上」が生む、配信者とN国党の親和性

その他にも、政策的・あるいは組織的な親和性を指摘できる。

N国党の「炎上」も配信者にとって「いつ自分に起きても仕方ないこと」であり、職業的に受容されていることだ。有名なユーチューバーの多くは自身も炎上を経験している。例えば登録者日本一の「はじめしゃちょー」ならば〝二股騒動〟や運転時にテレビを注視していたという〝危険運転騒動〟、登録者260万人を数える「MAHOTO」ならば同居した女性に暴力をふるって逮捕された騒動、「レペゼン地球」ならば〝パワハラ自作自演騒動〟など枚挙にいとまがなく、それぞれが謹慎やイベントの中止などの社会的制裁を受けている。

炎上時の経済的・精神的ダメージを配信者は共有しており、N国党・及び立花の過去の問題発言などを問題視しない傾向がある。

N国党の「炎上」は他の配信者と比べることのできない大きな火種である。すなわち現職の議員が私人の容姿を侮辱したり、プライバシー権に配慮しない放送などを継続したり

していることについては、社会的制裁を受けないまま「選挙を通して有権者の信を得た」としてその方向を修正せず、配信者の「凸（とつ。2ch発祥の用語で、突撃するの意）」の要領で報道機関に国会議員が圧力を加えるに至っては言論の自由に対する大きな脅威であり看過できないものと考える。

しかし「炎上」におびえ、「炎上」を克服してきた配信者にとっては、N国党は「自分の身に起こりうる悪い現象を克服している集団」と好意的にとらえられているのである。

私から配信者に申し上げたいのは、一見デメリットがなくともN国党員になることは相当なマイナスイメージをもたらすから慎重になった方がよいということだ。同じ再生数5万回でも、誰が見ているかによって価値は異なる。あなたのことを「N国党だから」といって支持している人は、あなたがN国党から離れたときどうなるだろうか。N国党に批判的で、あなたのファンをやめた人は、N国党から離れたときに戻ってくるだろうか。そもそも二瓶文隆江東区議・文徳中央区議親子ら離党する人間を脅迫する立花から離れられるか？　よく考えた方がよい。

政策としての親和性

配信者業というのはいわば視聴者の時間をどれだけ奪えるか？という商売である。

例えばユーチューブであれば、10分以上の動画であれば複数の広告が貼りつけられるなど、再生時間がストレートに収入に直結する。

広い意味では、映像作品を受信料という対価を得て放映するＮＨＫは配信者にとって「商売敵」であり、月額１３００円の受信料もその分が浮けば配信者に対しての投げ銭に変わる可能性もある。

そういった意味合いで、「Ｎ国党」の掲げるスクランブル放送化には政策的な親和性も高いというわけである。

以上のように、複合的な観点から考えると、Ｎ国党が「配信者」にとっての一つのセカンドキャリアになっており、Ｎ国党側にも配信者側にとってもメリットのある選択肢であるため、今後も配信者のＮ国党入りは減少しないであろうことが指摘できる。

N国党の候補者選び

N国党の候補者選びは、「減点方式ではなく、加点方式」であるといえる。既存の政党が、公認にあたっては経歴や知識を審査し、希望者に対してテストをして公認候補を決めるのとは対照的に、N国党は〝基本的には誰でもオーケー〟というスタンスを通している。

前科者であれ、問題発言をした人物であれ、党の名前を売りさえすれば票は入る。「票は0から1になることはあっても、1から0になることはない。批判するひとはもともと0なので関係がない」というスタンスだ。

2018年にはチャンネル登録者数18万人のユーチューバー「みずにゃん」を誘い、選挙に出るなら供託金を出してあげると甘い言葉をかけた。

これは、失言をすれば地位を失ういままでの議員とはまったく違っており、現職の議員にとっても「やり直すチャンスになる」という意味で魅力的なものだろう。

実際に「北方領土戦争発言」で日本維新の会を除名された丸山穂高《まるやまほだか》は立花の要請に応じN国党に入党している。他、在特会出身の中曽ちづ子、正理会の佐々木千夏（杉並区議）、高速道路を実力で不払い突破し摘発されたフリーウェイクラブの田中健ら泡沫団体の残党や他政党にいられなくなった政治家くずれを回収している。フリーウェイクラブの「高速料金不払い」に顕著なように、様々な団体の思想が部分的に反映される。

人間は様々な思想を持っており、様々な発言をする。そして、発言時間が長くなればなるほど、失言の可能性は高まる。自衛策として、議員は多くのことを語らず、選挙の際には美辞麗句を並べたてるのが現在の政治家の基本的態度ではないだろうか。

N国党及び立花は失言や問題行動をおそれない。逮捕・起訴されて有罪判決にさえならなければ（あるいは、なったとしても）のちにユーチューブで堂々と弁明すれば、支持者はついてくる。いわば、大衆の記憶を上書きするのである。

そして問題ののちに選挙を経て議員の職につけば、「有権者の信を得た」「禊《みそぎ》は済んだ」ことになるから、いくらでも問題発言を気にせず発信することができるし、党員に対しても教育を施《ほどこ》す必要はない。好き勝手なことを言って目立ってさえくれれば、0→1を獲得できるかもしれない。よくできた世界観だ。

その結果として、2019年の参議院議員選挙では計41名の候補者を擁立できたほか、次回の衆議院議員選挙では289小選挙区すべてで候補者を擁立する方針を示した。供託金の負担は大きいとはいえ、人材の面では不自由はない。

なぜなら、経歴のチェックをする必要もなければ、問題のある人物でないか精査する必要もないからだ。この「無敵の政党」に、既存政党はあらがっていけるだろうか。

誰がN国党を支持しているのか?

有権者がどのようにして投票行動に至るかについては様々な先行研究があるが、一つには「金銭以外の負債感」をどのように有権者に与えられたか、という指標をあげることができる。

祭りであいさつをした、いい人だったというのも一つの負債感であり、愛想よくしてもらったから投票しようと考える有権者も一定数いるだろう。

N国党は先に指摘したように膨大な数の動画をアップロードしており、日夜更新される彼らの動画すべてに目を通すことは不可能といっていい。

心理学には単純接触効果という「初めのうちは興味がなかったり、苦手だったりしたものも、何度も見たり、聞いたりすると、次第によい感情が起こるようになってくる」という効果があるが、立花やN国党について何か意見を持とうとするにあたってはまず膨大な動画が立ちふさがることになる。

ユーチューブは個々人が好きな動画を視聴できるツールである一方、GoogleのAIによって選好する動画と関連する動画をすすめられることも相まって、一度N国党のロジックに触れればおすすめにN国党の動画が表示され続けることになる。

多種多様なひとが、NHKの腐敗、不正、暴力性などを「告発」することによって、視聴者の思考が立花の思考に染まっていき、ファクトの提示などにより反対する意見に触れる機会もなくなれば、政治的意見が硬化していくのも当然のことだ。

動画を見て、時間を潰して楽しませてもらったということだけでも、「祭りで挨拶された」ような親近感を覚え、投票に至るわけだ。

「ＮＨＫ撃退シール」と「ＮＨＫ撃退コールセンター」

マスコミは「インターネット政党」としてＮ国党を取り上げる向きが強いが、Ｎ国党はインターネット政党ではない。むしろ、政治家として大事な「地元の祭りに参加する」「町内会でビールを注ぐ」に類似する動きをして、地盤を固めている。それが「ＮＨＫ撃退シール」および「ＮＨＫ撃退コールセンター」だ。

立花は２chコテハン時代、遅くとも２０１１年までには「私に電話をくれればＮＨＫ集金人を確実に追っ払う」という活動を開始し、遅くとも２０１２年までにははじめての「ＮＨＫ撃退ステッカー」を作成した。

その後さまざまなデザインの変遷を経て、現在の形になる。目的はＮＨＫ集金人に対してゴネて支払いをまぬかれることであるが、副次的に、ＮＨＫ撃退シールを受け取った人間は強力な支持者・票田になるという効果がある。

前述のとおり有権者がどれだけ負債感を覚えているかが投票行動につながるとすれば、シールを貼って集金人が来なくなった、あるいは立花や党員が電話で集金人を追い払ったとなれば、ストレートに月額１３００円（衛星放送込みであれば２３００円）の利益を供与した、といえる。

これは共産党員が生活保護の申請に随行したり、失業保険の受給方法をレクチャーしたりして「地盤」を獲得しているのと構造的に似ている。これらでN国党を支持するに至った有権者は、ちょっとやそっとの炎上では支持をやめないだろう。

シールの総配布枚数は明らかではないが、2019年の参議院議員選挙前に1日あたり100枚ほどだったシール配布枚数は、参議院議員選挙後には1日1000枚を突破した、と党員のツイッターで発表されている。この発表が事実であれば、N国党は1か月あたり3万票の基礎票を増やしたと評価しうる。

電話、及びステッカーの配布。これによって「NHKを追っ払ってもらった有権者」が力強い地盤になっている。

N国党を支持する様々な理由

政策的にNHKのスクランブル化に賛成している層、立花や他のN国党員のユーチューブを楽しんだファン、NHK集金人を追い払ってもらったひとが大きな支持層になるとはいえ、N国党への投票理由は多岐にわたる。

たとえば、N国党に投票した私の知人の20代女性は、性の話題をよりオープンにできる社会を実現したいので、政見放送で「不倫路上カーセックス」というワードを発声したことを評価して投票したという。

あるいは、発達障害・精神障害のある20代男性の知人は、立花が「双極性障害、統合失調症」の罹患《りかん》歴を公表していることについて、「精神障害者を国政に送りたい」という理由で投票したという。

いずれも、立花の過激な言動については支持できないものの、「もう少し様子を見たい」

「次も入れる予定だ」と口をそろえる。

「立花の選挙戦略が秀逸であるから」という理由で支持するものもいる。確かに、2013年の時点では、マック赤坂や又吉イエス同様「泡沫候補のおもしろいおじさん」という扱いを受けてきた立花が綿密に計画を練り、虎視眈々《こしたんたん》と参議員の議席を狙い、6箇年計画で国会議員となり、またN国党が政党要件を満たした国政政党となったのは事実である。

「すべての選挙は売名目的」

長年N国党の取材をしてきたライターの畠山理仁は、立花の戦略について「『NHKから国民を守る党』の内幕　研究し尽くし到達した『すべての選挙は売名目的』の境地」（日刊ゲンダイDIGITAL2019年6月1日）と題した論考で紹介している。

「政治活動で党の活動を広めるのと、選挙運動で党の活動を広めるのとでは、圧倒的に選挙運動の方が経費がかからないのです」

「まずポスティングで空気を温め、アウェー感をなくします。それから駅頭でのビラ配り。

葛飾区議選時はポスティングを3回やりました。白黒のビラなら1枚1円で済む。そして街宣車での演説。これで当選ラインに到達できる。簡単です」（以上、「『NHKから国民を守る党』の内幕　研究し尽くし到達した『すべての選挙は売名目的』の境地」2019年6月1日）

「選挙中、候補者は公職選挙法によって守られています。選挙運動を邪魔した人は『選挙の自由妨害罪』。妨害行為をしてきた人たちにカメラを向けると、パーッと逃げる」「その動画を見た人たちも喜んでくれる。妨害行為をしてくれる人は、私たちの視聴者を増やしてくれる『お得意さま』のような存在なんですよ」（以上、「妨害行為者は〝お得意さま〟ネットの炎上商法で勢力拡大」日刊ゲンダイDIGITAL2019年6月7日）

侮れない「N国党の選挙戦略」

N国党の選挙戦略は単純ながら強力なものだ。まず、選挙に出る。選挙に出れば、選挙公報に載ることができ、ポスターも貼ることができる（いずれも公費負担）。一定の票数をとれば供託金も返ってくるので、一切の負担なく「売名」ができるという寸法だ。

２０１９年の参議院議員選挙で立花に次ぐ比例2位で立候補したほか、同年の埼玉県知事選挙にも出馬した医師の浜田聡は語る。

「選挙を松・竹・梅に分けます。梅は最低ランク、出馬してポスターと選挙公報に載せるだけ。竹はそれに加えて、予算に合わせてポスティングをする。松はそれに加えて、駅前での演説。それに加えて、ユーチューブでの配信を推奨されている」（「浜田聡へのインタビュー」2019年8月28日）

単純明快かつ投資効率に優れる。

立候補者は「ＮＨＫ問題をやってくれれば、保守も革新も関係ない」として、誰かれ構わず声をかけている。

「辻元清美を射殺しろ」と語る川西市議・中曽ちづ子、「朝鮮通信使は凶悪犯罪者集団」などと発言した杉並区議・佐々木千夏もN国党から当選している。「戦争」発言で日本維新の会を除名処分となった丸山穂高を入党させ、前科者であっても受け入れ、包み隠さず

「有権者の信を問う」というが、当選は免罪符ではない。罪は罪であるし、許されない発言は許されるものではない。むしろ「選挙で免罪される」という理屈で一切自分たちの行動を省みることがないN国党の性質の悪さが見て取れる。

N国党は「反知性派カルト集団」

N国党に関するレポートを投稿している「選挙ウォッチャーちだい」氏は、N国党を「反知性派カルト集団」と名づけ、投票してはいけないと繰り返し呼びかけ、立花らからスラップ訴訟を3件仕掛けられている。

ちだい氏に対しての請求を放棄する旨のユーチューブ動画をアップロードした際のコメントは例えば以下のとおりである。

「ちだいもブッ壊す‼（忙しいので、ついでに）」

「NHKの回し者は徹底的に倒すべき」

「こんな小物を構うより、参議院選挙に集中しましょう！　ＮＨＫをぶっ壊す！！！」

あるいは、私が立花の「テロ」発言への批判をユーチューブで展開した際のコメントの例は以下のようなものである。

「出版社から印税もらってる犬だしな。言いなりなんだろ？　ちょっと売れていい気になる奴の典型」

「嫉妬してるの？　立花さんに」

「お疲れさん。早く死んで在日集金人」

あるいは、立花が２０１９年９月９日に脅迫容疑で事情聴取された際にアップロードした「立花孝志が被疑者になりました。被害者はうらぎり者の二瓶文徳中区（原文ママ）議会議員です。」とする動画のコメント欄には、以下のようなコメントが多く寄せられている。

「マツコ・デラックスの事はテレビは騒がなかったのにこの事は騒ぐのか…ほんまマスゴ

ミ」
「NHK「二瓶さん、訴えましょう」札束ドーン」
「こわいなーテレビってほんと腐ったメディアだなー」

いうまでもなく、脅迫容疑は脅迫容疑であり、国会議員が脅迫容疑で捜査を受けていればそれはニュースである。脅迫をしたので、警察が動き、報道された、それ以上でも以下でもないが、立花の支持者にとってはそうはならない。

あるいは、ツイッター上でN国党を支持しているアカウントのうち典型的なものは以下のようなものである。

「一方的に批判するなよ！　クズ！　MXテレビの対応も批判しろよ！　公共電波を使って批判したなら批判された側も公共電波で反論の場を持たせればすむことじゃん！　お前はその事にするーじゃのう！　お前はテレビ局の犬か！」「同意！　国会議員は竹島での韓国軍事訓練を非難決議しろ！　日本人丸山国会議員の発言など1つの問題提起、竹島で

の韓国軍事訓練のほうが大問題！　国会議員は仕事しろ！」（9フォロー中　2フォロワー）

このように、フォロワー数がほとんどおらず、「対話」が成立していないにもかかわらず、政治的意見を独り言のように「ツイート」するN国党支持者は非常に多い。

今まで論じてきたように、通常の判断能力を持っている成人であれば到底支持することはできないような矛盾・暴力的言動・二枚舌を続ける立花の支持者には、一般人とは意思疎通が不可能になっているレベルの人間が多く存在している。

特徴は、その論理がみな「立花のコピー」になっていることだろう。「NHKは暴力団集団」「既得権益をぶっ壊す代表者がN国党」「N国党の邪魔をするのは既得権益の陰謀」「文句があるなら裁判でもなんでもかかってこい」……立花のユーチューブのコメント欄をのぞけば、そんな言説で溢れかえっているのがすぐにわかる。

荒唐無稽な動画であっても、多くの場合「高評価」で溢れ、反対意見はほとんどコメント欄に現れない。

洗脳と同じ機能を果たすユーチューブ

オルテガ・イ・ガセットは「大衆とは善きにつけ悪しきにつけ、特別な理由から自分に価値を見出すことなく、自分を〈すべての人〉と同じだと感じ、しかもそのことに苦痛を感じないで、自分が他人と同じであることに喜びを感じるすべての人びとのことである」(『大衆の反逆』ちくま文庫)という。

N国党支持者は、ユーチューブ上の立花の動画を見て、「高評価」が多いことに安心し、自分の意見は多数派なのだと納得して正当性を覚えるようである。どんなに荒唐無稽なものであっても、「NHKをぶっ壊す!」「既得権益をぶっ壊す!」などの「合言葉」で仲間を発見し、その仲間が多いことを喜ぶ。批判者は「自分とは違った少数者」であるとみなし攻撃する様は、オルテガの言う大衆そのものである。

ユーチューブは自分の好きな動画を好きなときに見られることが魅力であるとされているが、どのような動画を見るかといえば、「関連動画」や「トップページ」からの流入がほとんどであるとされている。

一度立花の動画を見れば、立花の動画に似た動画ばかりがサジェストされることになる。

また立花の動画は1本あたりが長く、本数も途方もなく多い。

後述するように、N国党の党員らにユーチューブチャンネルの開設を勧めていることや、配信者を党に勧誘していることから、すべての関連動画に目を通そうとしても不可能である。膨大な量の動画が量産されているからだ。

つまり、一度立花らの動画を見た人間の多くが、長い時間立花らの「説法」に耳を傾けることになる。そして、コメント欄は動画に対する絶賛で溢れ、評価は高評価ばかりである。このような状態になれば、マインドコントロール状態が発生するのは必然的である。

大川隆法と立花孝志

立花は幸福の科学の信者であり、幸福実現党の関連団体から寄付をうけていることも明らかにしている。また、2019年7月の参院選では幸福実現党と区割を実施していることが明らかである。

幸福の科学総裁・大川隆法の長男である宏洋《ひろし》は、父親の話術について筆者に「とにかく長い。面白くはないが、長いので聴衆が納得してしまう」と語っている。

立花もとにかく喋り続ける能力に長けている上、ユーチューブという媒体に残すことによって、「いつでも喋っている」という状態を実現できる。ユーチューブは多くの場合一人で視聴するため、同じ主張、同じ論理を繰り返し長時間聴くことで、立花のコピー人間がつくられていく、という具合である。

ユーチューブは視聴者の総視聴時間――10人が10分視聴すれば100分になる――を分析データとして公表しているが、筆者のチャンネルでも多いときは1日あたり1年以上の総視聴時間であることから、立花の規模であれば1日当たりの総視聴時間は数十年単位に上ることも考えられる。

こうして、「NHKをぶっ壊す」という一つのマントラを共通言語にして、一般には見えない形で、複数人で囲う、監禁するなどの暴力的手段を取ることなく、自主的に洗脳された人間たちをつくりだすことができるのが、N国党の恐ろしいところなのだ。

「NHK撃退シール」もまた、支持者の集団的な独善を強化する効果を果たす。

日本脱カルト協会の「集団健康度チェック」では、〝メンバーである証として、特殊な服装・物品を身につけさせる〟ことをカルトの特徴としてあげているが、まさにシールはその役割を果たす。

これだけ反社会的な行動、言説を繰り返す団体は、まともな人間であれば与《くみ》しないし、批判されてしかるべきものであり、賛同する支持者は白い目で見られることはやむを得ない。シールや「ぶっ壊す」という象徴的な行動によって、N国党の支持者はいわば「聖別」され、「受難」することになる。

そして、その受難はNHKをはじめとする既得権益の陰謀なのだと、国会議員や市議会議員が繰り返し繰り返し語りかければ、一つの物語が完成する。その物語にハマったひとこそがN国党の基礎をなしているのであり、その物語に乗って功績をあげれば議員にだってなれるという状況になっている。

〝幻想の中間共同体〟としてのN国党

近年の日本では中間共同体がなくなった、中間共同体を復活させなければならないというのが、ポピュラーな言説である。中間共同体としての宗教団体の重要性はいうまでもないところで、創価学会などの大規模な新宗教が果たしてきた役割は大きい。

しかし、近年では創価学会を母体とする公明党は得票数を減らし、中間共同体としての創価学会は衰退の一途をたどっている。

一つ印象的な話がある。私の知人で、50代の創価学会員の女性がいる。彼女は精神疾患を患《わずら》っており、電車の中で奇声をあげる、路上で服を脱ぎだすなどの奇行に及んでいたこともあったという。そうした行動が「創価学会の会合で問題視され、会合に行くことが難しくなった」と彼女は言う。

今では、創価学会への信仰を維持して一人で御本尊に題目をあげてはいるが、学会員同士の集まりに参加することはなくなったそうだ。中間共同体、特に宗教の役割として、病んだ人をメンバーとして迎え入れることがあった。しかし、「安定は希望」を掲げる公明党に象徴される「成熟した中間共同体」にとって、病は内部で処理するものではなく、排除するものになっていってしまう。

私も「イベントバー」という業態の店舗を経営し、一つの中間共同体を運営しているが、そこではたとえばお金を払わずに店に居座るひとや、店のなかで暴れるひとを許容することはできない。

一方で、N国党のように「本部」を持たず、動画をベースにした中間共同体は、そのような「異物」も受け入れることができる。動画のコメント欄やツイッターなどの媒体で言い合うだけだからだ。

そして、「異物」であっても広告収入につながるし、有権者であれば貴重な一票にもなる。だからこそ、ふつうには会話が成立しないような支持者が多く支持者のままでいることができ、またコミュニケーションを重ねる（ように見える）ことができるわけだ。

ベネディクト・アンダーソンは『想像の共同体』において「国民はイメージとして心の中に想像されたものである」と指摘している。また、想像の共同体の成立要件として、商業出版物の普及を指摘しているが、これをユーチューブという媒体によって「1対多のコミュニケーション」ができるようになったことによる新たな実在しない共同体――これを〝幻想の中間共同体〟と名付けよう――が勃興してきたことになぞらえることができる。

テクノロジーの進展と、それに伴う中間共同体の崩壊によって登場したN国党――あるいはN国党的共同体――は、今後も大きな力を持っていき、政治的・経済的に大きなインパクトを与えるようになるだろう。

しかしN国党の場合、そこには真実はない。

NHKの集金人は暴力団員ではないし、立花に反対するものがすべてNHKや既得権益の手先であるはずもない。むしろ立花は国会議員という権力者、既得権益者として厳しく批判されるべき立場にあるが、幻想の中間共同体のメンバーたちがそれに気づくことはない……。なぜなら、そここそがメンバーの居場所だからだ。N国党は簡単には終わらないのである。

なぜN国党を警戒するのか

作家の内田樹はN国党について「変なひとたちが変なことをすることはあるが、一定程度以上にはならない。それは、100年に一度くらいのことだ」と筆者に語ったが、筆者は100年に一度の事態が起きないように警戒していかなければならないと考える。

エーリッヒ・フロムは『自由からの逃走』（NTT出版）において、ファシズムの基礎をなす逃避のメカニズムとして「権威主義」「破壊性」「機械的画一性」の3つをあげて分析している。

権威主義メカニズムは「人間が個人的自我の独立をすてて、その個人にはかけているような力を獲得するために、かれの外がわのなにものかと、あるいはなにごとかと、自分自身を融合させようとする傾向がある」と説明されるが、本書の第五章に掲載した浜田聡医師のインタビューではその傾向が十二分に見て取れる。

破壊性メカニズムにおいては、「中産階級は、その敵意を、主として道徳的公憤によそおって表現していた。それは、生活をたのしむ力のある人間にたいする、はげしい羨望《せんぼう》を合理化したものだった」と説明されるが、N国党の支持者の中にはN国党批判者である私に対して「自分は社畜で苦しい、お前は社畜になったことがないからわからない（だからN国党を批判している）」というコメントを残された方が少なくない。

自分の生活が苦しいこと、それは大きな力によるものであるというわかりやすいストーリーは、自分の嫉妬心を公憤と錯覚せしめ、人間性を埋没させていく。

機械的画一性においては「他のすべてのひとびととまったく同じような、また他のひとびとがかれに期待するような状態になりきってしまう」「孤独を克服する『正常な』方法が、自動人形になることである」と説明される。

N国党員はユーチューブに膨大な量の動画をあげており、それを批判すると支持者からの膨大な罵詈雑言《ばりぞうごん》が届く。その様を見れば、人間関係が希薄であっても、〝N国党の支持者である〟〝NHKという巨大権力と闘っている〟という妄想のもとで獲得される機械化された団結は、前述のとおり孤独なひとびとの寄る辺になっているのである。

若年層がもはや新聞やテレビを見ず、ユーチューバーがタレントのようになっている現代において、その若年層が皆選挙権をもったとき、N国党がより大きな存在にならない、という保証はどこにもない。

第二章のまとめ

◆ 自分が好きなことをずっと喋れるユーチューブとかツイッターを駆使して支持者を集めっていってできたのがN国党である。

◆ 立花は「すべての選挙は売名目的」という考えのもと、炎上商法で支持者を増やしてきた。

◆ 荒唐無稽な話に正義を読みとったりする人間が集まって来る。すると選挙にも出られるようになり、選挙で勝てば、その利益を目当てにさらに集まってくるというサイクル。

◆ ユーチューブによっていままでの政治常識もだいぶ変わってきている。自分の正義を一方的に撒き散らす記者会見がまかり通ってくる。

◆ 政治権力の基礎は民衆からの支持。記者会見でマスコミからの批判に耐えて、民衆の支持を得ているのとは別の回路で、個人で批判を無視する形で支持を集めることができるのがユーチューブの特徴。

◆ 「文春砲」は利かないし、まっとうな批判なんかしても無駄。真っ当な批判をすればそれで済むと思ったら大間違いだということ。

第三章

N国党を他団体と比較する

私がユーチューバーとしてN国党の批判を上げると、「殺すぞ」などと悪意のメッセージがたくさん届く。また選挙ウォッチャーのちだいに対して、立花はちだいの住所を晒し上げたことがある。「人は晒し上げられることで恐怖するものだ」と。

自分の代わりに支持者が反対者を攻撃してくれるから、政治的な利益や野望を達成できると立花は公言しているのだ。「アイム・ヒトラー。おれはヒトラーなんだ」と。

立花が命令しているわけではないし、誰かに強制されているわけでもないのに、言論を自主規制せざるを得なくなるような状態が現実にある。まさに彼らの思う壺だ。

さらに現在進行形で反社会的な行動をとっているのがN国党だ。

不法に私人逮捕して個人を拘束したり、脅迫をしても開き直って強弁したりしている。いままでのカルト団体はバレないように犯罪をしていたはずだが、それを超えて一種の底が抜けてしまったという危険性を感じている。ならばこれまでのカルト団体とN国党とは実際にどこが同じでどこが違っているのかを、示す必要があるのではないか。

必要以上に警戒し過ぎてもいけないし、適切に警戒する必要があるということだ。批判をしたら逆に攻撃されるんじゃないかという自主規制で、言論の自由を自ら放棄してしまうことこそが問題なのである。だからマスコミ各社には勇気をもって批判してもらいたい。これに屈すれば次のN国党なるものにも屈することになる。そして次のN国党なるものはさらに大きい危険性を秘めた存在かもしれないのだから。

れいわ新選組からオウム真理教、ナチス、トランプ現象まで

れいわ新選組との比較

インターネットを活用して2019年の参議院議員選挙ではじめて国政政党になったことから、山本太郎代表率いるれいわ新選組との比較がなされることが多い。

〈類似点〉

- どちらも党運営が独裁的である
- ユーチューブ、SNSを活用して、寄付金やボランティアを集めている

N国党は地方選挙を重視している。一方で支持者との交流は重視しておらず、ポスター貼りや電話番などのボランティアについても「やらない人間には公認を与えない」というように飴《あめ》と鞭《むち》を採用している。

れいわは国政選挙を重視している。れいわ新選組は市議会議員選挙にほぼ候補者を擁立していない。一方、地回りをして支持者と交流することを重視している。支持者に役割を与える。ポスター、ポスティング。山本が涙を流しながら支持を訴えるなど、支持者ひとりひとりの自尊心をくすぐる、承認欲求をくすぐる。寄付を募るのも「あなたの力」を必要としているというメッセージになる。

N国党のユーチューブは、個人語りで無編集ながらユーチューバー的である。れいわのユーチューブは、編集され、映像ドキュメンタリー的である。

山本太郎に断られた立花孝志

N国党は「ワンイシュー」としているが、NHK問題に対する取り組み方も、その他の政策に関する見解も一定していない。れいわの政策は、反緊縮の大きな政府的な政策にいわゆるMMT（現代貨幣理論）を取り入れた政策で一定している。

選挙でヤジを飛ばされた際に、N国党は「嘘つき」といわれただけで執拗《しつよう》に集団で追いかけまわし不法な「私人逮捕」をする。一方、山本は「クソ左翼死ね」というヤジを受けた際に「ありがとうございます。クソ左翼死ねというお言葉をいただきました。ありがとうございます。死にたくなる世の中を変えたいために私は立候補してるんだ。みんなに生きていていただきたい」と返しており、そもそもの度量が違う。

N国党立花は山本を評価し共闘を訴えるなどしたが、山本はこれを「消費されている時間はない」と断っている。

作家の適菜収は、「れいわ新選組の新しさは反グローバリズム、反構造改革路線を明確に打ち出したところにあるが、N国はすべてが絶望的に古い」（日刊ゲンダイデジタル「それでもバカとは戦え」2019年8月31日）、「『NHKをぶっ壊す！』というフレーズも、20年近く前の小泉純一郎の『自民党をぶっ壊す！』の二番煎じか三番煎じか四番煎じ。要するに出がらし。既得権を叩くことにより、新しい利権を手に入れようとする連中が集まってくるところまで同じだ」（同記事）と評している。

たしかにれいわの政策には経済学的な裏付けがあるのか判断することが難しいものも多いが、それにしても、団体として比較するのはれいわに失礼だろう。

オウム真理教との比較

N国党は立花の前述したような法の軽視・反社会性・テロリズム肯定の精神があり、現実の行動レベルでも反対するジャーナリストに対して圧力を加える。一見コミカルでメディアが面白がって取り上げるなどといった特徴を総合的に考えて、オウム真理教の再来であるという論評がなされた。

たとえばジャーナリストの杉江《すぎえ》義浩《よしひろ》氏は、「昔からテレビというものは『キチガイを出せば視聴率が取れる』と言われてきました。残念ながらそれは本当です。事件を起こす前のオウム真理教の麻原をメディアがこぞって取り上げた現象が、まさにそれでした。昨今の立花孝志の言動は、僕にはオウムの麻原の言動と二重写しになって見えます」（Dsugie.com杉江義浩OFFICIAL「テロリスト立花孝志のN国党をメディアは面白がっている場合ではない」2019年8月17日）

と述べ、オウム真理教の取材で菊池寛《きくちかん》賞を受賞したジャーナリストの江川紹子《えがわしょうこ》も「都合の悪い言動は力尽くで排除する。それを見せつけ、『ここに関わると面倒なことになる』という印象を与え、黙らせる。これがN国の手法」（江川紹介YAHOO!JAPANニュース「メディアはN国の取り上げ方をよく考えて」2019年8月16日）と指摘している。

また立花は、

「ある意味ものすごく大ざっぱに言えば、『そういうアホみたいに子どもを産む民族はとりあえず虐殺しよう』みたいな」（「CGC神谷宗教VS立花孝志YouTube対談動画」2019年9月20日）

「ある程度賢い人だけを生かしといて、あとは虐殺」（同動画）

などと、民族浄化にも言及しており、オウムの「ポア」や、ナチスや文化大革命、クメール・ルージュを彷彿《ほうふつ》させ、海外メディアにも広く取り上げられている。

N国党による組織テロの可能性

では、立花率いるN国党がオウム真理教のような組織テロ事件を起こすことはあるだろうか？

結論からいえば、N国党が地下鉄サリン事件のような大規模なテロ事件を起こす危険性はない。なぜなら、N国党はオウム真理教のような「トップダウン型組織」ではなく、「ネットワーク型組織」だからである。

確かに立花は、２０１９年4月にN国党公認候補として中央区議に当選し、その後党総会を連絡なく欠席した議員に対し、自身のユーチューブで実名と電話番号を公表し、

「息子（二瓶文徳）の方、25歳。こいつの方が将来があるので徹底的に潰しに行きます」

「俺、この人（二瓶文徳）の奥さん、俺、この子のお母さん、彼女も知ってますよ。徹底的にこいつの人生、僕は潰しにいきますからね。二瓶親子、特に息子、覚悟しておけ。お前、許さんぞボケ！」

「徹底的にしばくからな!!」

などと発言。「裏切り者は許さない」というメッセージを公にしている。また、2019年4月26日の「実質上はじめての」党臨時総会においては、「立花独裁でいかせていただきます」「合議でやるとバラバラになる」などとして、党運営が立花の独裁によって行われることを示している。

一枚岩でないネットワーク型の組織

一方で、N国党は「隠し事はしない、すべてオープンにする」という方針を公にしており、立花の言動が二転三転することとは別にして、日々起こったことをリアルタイムで更新している。

また、党員が一堂に会する臨時総会の場でも意見が割れ、基本的には「金の話」に終始している、インターネットでのやり取りがメインで直接会ったことのない党員同士も多いことなどから、一つの組織として、秘密を守り、統一的な行動をすることは出来ないだろう。これがネットワーク型であるということだ。

立花や大橋が過激な「私人逮捕」等の動画をアップロードする際も、たとえば夏目亜希《なつめあき》や浜田はそういった過激な現場にはおらず参加しないことも多い。N国党の組織は一枚岩ではないのだ。立花自身が「党員の自由を阻害したくない」というのも、数々の矛盾をはらみつつも、本心であろう。

学問を重視しないN国党

また、立花はあまり学問を重視していない。

オウム真理教は「武装化」にあたって、理系の大学生をターゲットにして勧誘活動を行い、土谷正実や遠藤誠一ら後にサリンを生成することになる若き研究者を組織化した。

立花も、2019年の参院選後には「今後は高学歴の立候補者を増やしたい」という方針を立て、浜田聡の立候補にあたっては「京大医学部卒の医者」であることを繰り返し宣伝した。衆議院議員選挙の候補者として公認した東大法卒の升澤裕介《ますざわゆうすけ》については「N国党には東大法卒の候補者もいる」と宣伝するなど、高学歴を優遇している点もオウム真理教との類時点としてあげられている。

しかし、N国党が注目しているのは「選挙で見栄えのいい経歴」であり、学問の中身ではない。例えば立花は浜田に「医者としての専門分野」について尋ねることはないし、升澤に「東大法学部で学んだこと」について尋ねることもない。中身は重視されていないわけだ。よって、高度な化学その他の専門知識が必要とされるプラントをつくったりすることはできないということになる。

ナチスドイツ・ヒトラーとの比較

元東京都知事で『ヒトラーの正体』（小学館新書）を上梓した舛添要一《ますぞえよういち》氏は、「1921年にナチス党の党首となったヒトラーは、街頭活動のとき対立する政治勢力から自分を守るためにSA（突撃隊）を組織するが、SAは『敵陣の攻撃にも出かけ、恐れられていく』」（『ヒトラーの正体』）と語り、「MXテレビに押しかけるN国党の立花党首やその信奉者たちと二重写しになる。笑い事ではない」とツイッター上で指摘した。それに対して立花は即座に、「舛添様 はじめまして 私にはヒトラーのように国をまとめる才能があるとお考えなのでしょうか？」

と返信している。（いずれも2019年8月20日）

舛添は続ける。

「誤解されているようですが、私は、立花氏自体（つまりは主張や性格）がヒトラーと似ているだとか、彼が独裁者になりうる、と言いたいわけではありません。立花氏が自ら言う通り、彼に『国をまとめる才能』があるとも思っていません。さらに言えば彼らに、ナチスがユダヤ人を攻撃したような排外主義的ナショナリズムを感じるわけではありません。ただし、ナチスが政権を奪取する過程で見せた選挙運動との類似については、思うところがあります。ヒトラーは、ホロコースト（ユダヤ人虐殺）が後世の人々に記憶されていますが、政権奪取前、『ヴェルサイユ条約をぶっ壊す』という主張を繰り返し、民衆の支持を得ていったという過程があります」（『ヒトラーの正体』）

「こうしたワンイシューを繰り返すことで民衆の脳裏に刷り込んでいく手法を、ヒトラーはとても自覚的に行っていました。ヒトラーは『わが闘争』のなかで、『大衆の受容能力は非常に限られており（中略）効果的な宣伝は、重点をうんと制限して、そしてこれをスローガンのように利用し（中略）最後の一人にまで思い浮かべることができるように継続的に行われなければならない』と断言しています」（同書）

「ヒトラーも、伝統的保守派からは当初、『色物』のようにバカにされていました。SA（突撃隊）という、熱狂的な信奉者のガードのもと、共産党などの対立陣営のもとにも足を運び実力行使をも厭わないから、せいぜい共産主義に対する防壁と考えていただけです。しかし、既成政党や有力政治家が、庶民とは関係のないレベルでの政治闘争を繰り広げている間に、彼は着々と存在感を増していきます。そして民主的選挙によって、議席を増していくのです。繰り返しますが、立花氏がヒトラー的独裁者だとは思っていません。ただしマスコミが、彼のようなある種のポピュリストを面白がっている間に、思いも寄らぬことが起こりうるという思いはあります」（同書）

と鋭く指摘している。

名もなき支持者による悪質な嫌がらせ

ＳＡに当たる熱狂的信者をＮ国党はインターネット上に無数に持っている。例えば私はユーチューブ上に立花を批判する主旨の動画をあげた際には

「あんたは…こんな動画で再生数稼ぎしたいの？　頭弱すぎ!!　偉そうにコメントしないで!!　本人の目の前で話せば良いのでは!?」

「お前みたいな小物、立花さんが相手にするわけないよ。お前顕正会入ってから目つきが顕正会員みたいでキモいよ。それに童貞だし、ヤバイね。立花さんを、出しにして視聴率を稼ぐクズだな。チャンネル解除させていただきます！」

「気持ち悪い」

「もっとゆっくり喋りなよ。面白くない内容で逃げるように喋る小心者」

など、無数の罵詈雑言が寄せられた。

当初からＮ国党のカルト性を指摘してきた「選挙ウォッチャーちだい」は、「【選挙ウォッチャー】ＮＨＫから国民を守る党・動向チェック（#77）」において、以下のように記し

ている。

「僕は立花孝志に自宅の住所を公開されてしまったため、今日も尼崎市の会社から1万1942円の代引き商品が届きました。幸いにも、僕がいたので対応できましたが、間違って受け取ってしまうリスクもあります。このように住所が公開されてしまった一般人Aさんにも、N国信者から僕と同じような嫌がらせをされるリスクがあります」

このように、立花・大橋らの中心人物が、批判的な人物には恫喝・嫌がらせをしていいという思想の持ち主であるため、名もなき支持者による嫌がらせは枚挙にいとまがない。

立花や大橋、ないしはN国党に批判的な言動を見せたものは、立花の一存で攻撃対象になり、個人情報を晒され、無数の支持者に攻撃される。N国党から離れた二瓶文徳は、「1日100件以上の迷惑電話を受けた」という。

しかし、立花がしたことは政治家という公職者の住所と氏名と連絡先をあげて「許さない」と述べただけであり、支持者の行動が仮に業務妨害罪等に該当しても立花が刑事責任を問われることはない。そこがN国党型SAの巧妙なところなのだ。

2019年8月に起こった、マツコ・デラックスへの抗議と称した東京MXテレビへの抗議活動においても、組織的に集結させたわけでもないにもかかわらず、100人以上の支持者や取材者が集まり、異様な状態となった。

SAは一時独立していたものの、ナチスの準軍事組織と位置付けられており、ある程度組織化されたものであった。しかしN国党における支持者は組織化されておらず、立花や大橋らの「住所公開」や「突撃予告」に反応して独自に動く個人であり、ネットワークですらない。これがSAとの相違点であり、しかもSAよりも悪質なシステムとなっている。

選挙の自由妨害罪と私人逮捕

選挙の自由妨害罪は確かにある。しかし、判例によれば選挙の自由の妨害は「演説者の演説がたとえ継続され得たとしても、聴衆がこれを聴き取ることを不可能又は困難ならしめるような行為のあつた上、衆議院議員選挙法第115条第2号にいわゆる『演説を妨害した』ものというべきである」（最高裁判所第3小法廷判決 昭和23年12月24日 要旨）とされ、単に「嘘つき」

と一言いった程度では「演説を妨害した」といえないことは明らかだ。

実際に、2019年柏市議選で「私人逮捕」された男性はその後警察によって逮捕されておらず、不当な身体拘束であったといえる。


このように、合法な活動でも立花らが「違法だ」「犯罪者だ」と判断すれば、プライバシーを無視され、身体を拘束され、悪者扱いでチャンネル登録者数45万人を数える立花のメディアにあげられるとすれば、民主主義の根本にある自由な議論が不可能になり、民主政治に瑕疵《かし》をつくることにもなりかねない。

何より、たとえば不当に拘束された個人が被害届を出そうとしたところで、再度住所を晒され、支持者からの嫌がらせを受ける可能性があるとすれば、報復を恐れて被害届を出せないということも考えられる。

メディアも下手に論評しようものなら100人単位で押しかけてスポンサーに不買運動をかけられるとあっては、報道するにも一苦労だ。罰則のない放送法第4条に基づく政治的に公平な報道も求めるならば、立花本人が罰則ない法律を破ってもいいという原則を捨てるのが筋であろう。また中立な報道といえば立花がテロリズムを肯定しているところからしっかり報道せねばならないだろう。

立花やN国党支持者が言う「中立」が中立なのではない。自分たちの主張を「中立」だという無理筋な主張をして主張をねじ込むのは、国会議員によるメディアに対する圧力そのものであり、断固批判されなければならない。

N国党のSAは組織化されず勝手に動く遊撃部隊であるため、対応することも難しい。立花自身は、升澤裕介と出演したユーチューブ動画において「腕章つけてないひとをいちいち管理できないし、しない」「ひとに命令をしたくない」旨発言しており、事実上N国党支持者の暴走を黙認する形になっている。

立花は、法の穴をつき、ギリギリのラインを攻めた諸活動を展開し、刑事罰を受けるには2019年8月現在至っていないが、支持者はすでに暴走しているし、これまで以上に暴走する可能性は多いにある。

余命三年時事日記事件との比較

私は、N国党を説明するにもっとも近い現象は「余命三年時事日記事件」であると考えている。

「余命三年時事日記」とは、青林堂によって書籍化された際の説明によれば、「余命三年を宣告されたブロガーが、残された人生をかけて、韓国や在日、サヨクが知られたくない情報を暴露。今もっとも注目されるブログ」であるとされる。いわゆる〝ネトウヨブログ〟である。

そのブログが書籍になった『余命三年時事日記』から以下の文章を引用する。

「ブログ記事には在日がいやがる朝鮮情報が満載である。(略) 彼らの蛮行残虐史がすべて網羅《もうら》されていると言っていい。(略) 実際に行動する保守として、余命は (略) 在日特権の廃止という具体的な段取りにはいっている」

「余命プロジェクトチームの目標である『日本再生』のためには、国内に巣食う反日売国奴の排除がどうしても必要なのである」

と、その内容は精査に値しない。しかし、このブログが数多くの読者を抱え、実社会において影響を及ぼすこととなった。それが以下の事件である。

「『余命三年時事日記』を発端とする、弁護士への大量懲戒請求が問題視されている。同ブログは朝鮮学校への補助金を求めた各弁護士会に反発し、読者に懲戒請求を呼びかけていた」（弁護士ドットコム2019年4月11日）

朝鮮学校への補助金を求めた各弁護士会に対して、特定の弁護士をターゲットにし、懲戒請求を行うようブログ上で呼びかけたのだ。

「テンプレートを利用した958件の懲戒請求をされ」（同記事）

また、不当な懲戒請求に対してはしかるべき処置を取る旨をツイートした弁護士に対して再び、

「これが『共謀による脅迫罪』に当たるとして、『余命』読者らから958件の懲戒請求がなされるとともに、東京地検で刑事告発もされていた。」

以下、懲戒請求のターゲットにされた弁護士の嶋﨑量《しまざきちから》とささきりょうのツイートを引用

する。

「何で懲戒請求されてるのか、ほんと謎です。酷い話だ」嶋﨑量（弁護士）（2017年9月19日）

「ま、あれですね。事実無根で私のことを懲戒請求した人は、それ相応の責任を取ってもらいますよ。当たり前じゃないですか。大人なんですから」ささきりょう（2017年9月19日）

言うまでもなく、朝鮮学校の無償化に賛成するか否かは思想信条の自由の問題であるし、懲戒事由に当たらない。その後、

「ブログ『余命三年時事日記』を発端とした不当な懲戒請求をされたとして、嶋﨑量弁護士が懲戒請求者らを訴えていた裁判の判決が4月11日、横浜地裁であった。石橋俊一裁判長は懲戒請求者6人に対し、請求満額となる各33万円の支払いを命じた」（「弁護士ドットコム」2019年4月11日）

と、このとおり、不当な懲戒請求に対して違法性が認められた。

「高齢者を中心とするブログ読者は外患誘致罪という言葉に高揚感を覚えて『朝鮮人との

闘い』という妄想に取り込まれ、余命氏が指名する弁護士らに懲戒請求してしまった。これは、まぎれもないヘイトクライムなのである」と元衆議院議員で現在ルポライターの三宅雪子《みやけゆきこ》は指摘する。

これを「NHKとの闘い」「既得権益との闘い」と替えれば、そのままN国党の説明につながるわけである。余命ブログと立花の一番の共通点は、とにかく話が長い。そして、それが文字情報、動画情報となっていつでも閲覧可能になっているため、長い話を聞き続ける読者や視聴者が残る。

長い話を聞き続けることにより、相対的に他のメディアに触れる時間は短くなり、一般的には全く通用しない論理構造がさも一般的なものであるかのように感じられていってしまうのである。

「NHK集金人には暴力団員がいる」は本当なのか

長く、堂々と自論を唱えていると、それを長く聞いていたひとは、それをまさに思考の中心においてしまう、宗教が成立する過程と同じだ。

例えば、立花は2019年8月1日のインターネットテレビ番組で、

「集金人がどれだけ怖いか。むちゃくちゃする。全員ではないが暴力団関係者を普通に使っている」

と発言した。「『暴力団』は暴力団員による不当な行為の防止等に関する法律（暴力団対策法）により法的な定義を与えられて」おり、「その団体の構成員（その団体の構成団体の構成員を含む）が集団的に又は常習的に暴力的不法行為等を行うことを助長するおそれがある団体」とされ、「暴力団対策法の定める要件を根拠に指定を受けた組織を『指定暴力団』という」（溝口敦『暴力団』新潮新書）

NHKは、平成23年11月9日付けで「出演契約における暴力団等の排除についての指針」、同日「調達契約における暴力団等の排除についての指針」を示しており、実際にNHK集金人に暴力団の構成員がいる可能性は限りなくゼロに近いであろう。

しかし立花は後のユーチューブ動画で、

「違うんだったら違うで、いくらでも受けて立つよ、NHK。暴力団みたいな奴じゃん、

そんなの、何をもって暴力団と言うかわからないけど、少なくともまっとうな奴じゃないっすよ」（ちだいによる立花孝志の動画の起こしより）

と述べており、要するにＮＨＫ集金人に暴力団員がいるという自身が提示したファクトを撤回している。

「川口市議の塩田和久は、わざわざＮＨＫが『反社会的勢力とのつながりはありません』というプレスリリースを出したことについて、『ＮＨＫが痛いところを突かれたから、こんなプレスリリースを出したんだ』という頭の悪いことを言っていました。」（ちだい）のように、もはやＮ国党支持者の中では「ＮＨＫ集金人には暴力団員がいる」という事実に反することが周知のことのように扱われている。

一事が万事、Ｎ国党はファクトをファクトとして扱わず、チェックもせず、立花の言うことを真実であるかのように誤謬《ごびゅう》する支持者も多くいる。これは「朝鮮学校の無償化を支持した弁護士は外患誘致罪」という突拍子もない言説を信じた「余命ブログ事件」とほぼ同じ構造である。

余命ブログ事件は、標的となった弁護士が逐一不法行為に基づく損害賠償請求訴訟の提起をして、沈静化されつつある。

しかし、文字ベースでなく動画ベースとなり、より多くの蒙昧《もうまい》な支持者を獲得して、それを権力の源泉として国会議員まで上り詰めた立花、国政政党とまでなったN国党は、どこまでいくのだろうか。

ユーチューバーに文春砲は効かない

2019年8月25日付けで配信された現代ビジネスの記事「N国党が次は〝文春砲〟〝マツコ・デラックス〟を狙った恐るべき理由」（真鍋厚）では、「オールドメディアvsネットメディアの戦いという〝新しい戦線〟を予感させる、いわば〝日本版トランプ現象〟である」とされており、以下のように言及されている。

「『週刊文春』からファックスで送信された質問状について立花氏は、緊急性のない事柄に〝短い回答期限〟を設定した同編集部を痛烈に批判した（その後、週刊文春2019年8月29日号に掲載された記事に対して、立花氏は名誉毀損で訴える構えを見せていたが、10月25日に週刊文春に対して東京地裁に提訴）。

動画の中で立花氏は、視聴者に対し、『金曜日の夜9時前に10項目の質問をファックスで送ってきて、日曜日の昼12時までに書面で回答しろというのをどう思いますか?』などと問いかけ、『Twitterのdmで口説いた女性との一晩だけの肉体関係が多い』などの噂の真偽を確かめる質問を読み上げ、『ネット上の噂をそのまま聞いてくる』と呆れ返りつつ身の潔白を主張した。

立花氏は、このようにYouTubeで質問状に次々と回答していき、『メディアに発言を切り取られ、一方的に書かれるリスク』に先手を打ってみせた。人気ユーチューバーが週刊誌の取材内容を逆に暴露し、自身のメディア(YouTubeチャンネル)で回答するというやり方は従来にないものだ」(同記事)

筆者は2019年6月7日の段階で、「N国党・立花孝志に文春砲が効かない理由」(えらいてんちょうnote2019年6月7日)と題して、以下のような文章を発表している。

「ひとつ印象的な事例があります。人気ユーチューバーのヒカルさん(ユーチューブチャンネル登録者数300万人超)が、ファンの女性とのトラブルを〝文春砲〟されたときです。文春のネット記事で『明日、ヒカルさんの記事が出る』という予告が流れて間もなく、ヒカルさん自身が自分で動画をあげ、その内容を説明するのです。文春の発売日とほぼあいだが開いていません。

【悲報】ヒカル、週刊文春の餌食になる…』ヒカル
『相手の女性とは和解が成立している』
『自分のことは悪く言ってもいいけど、相手の女性のことを詮索したり悪く言ったりしないでほしい』

さらには、『奴隷になるか?』といったような内容が〝文春砲〟されている中で、〝相方〟とも呼べるラファエルさんが『奴隷にされちゃう』それに対して『奴隷にしたろか』と軽口を叩くなど応酬をして、再生回数は160万回を数え、高評価率も80%前後になっています。

〝文春砲〟を完全に無効化した形です。週刊文春の部数が70万前後ですので、視聴回数という意味でも勝っていますし、なにより〝視聴時間〟で勝っているのが大きい。〝記憶というのは、人々の時間をどれだけ使わせられたかという点で定着度が変わり、その意味で写真は文字に勝り、映像は写真に勝ります」

「写真週刊誌は、文字に対して優位なだけであり、動画に対して劣位であるといえます」

「ユーチューブは拡散だけでなく、防衛にこそ役立つのです」

文春砲では、さまざまな議員が辞職にまで追い込まれてきた。このたびの立花に対する文春砲は、「出資といって5000万円の金を集めておいて、増資もされていない。個人への貸付になっている」という疑惑を追及したもので、猪瀬直樹元東京都知事が徳洲会の徳田虎雄から5000万円を受け取ったいわゆる「徳洲会事件」にも相当する内容である。

しかし、疑惑の内容のいかんにかかわらず、立花が、記事が出る前に「借り入れ金である」「返却希望者には返す」「違法性はない」「週刊文春に正義はない」とまくしたてれば、多くの支持者はそれを信じる。何しろほかのメディアに目を通すだけの時間的余裕がないので、立花の視聴者は立花を信じるほかない。

そういった状況もあいまって、自身が当初内部告発をした、いわば原点である週刊文春に対しても、「週刊文春をぶっ壊す」「週刊文春に正義はない」と大風呂敷を広げ、NHK以下既得権益側の雑誌だとレッテルを貼れば、「立花は週刊文春とも堂々と闘った」という記憶だけが残るというわけである。

トランプ現象との比較

「N国党幹事長の上杉隆氏は8月13日の設立会見で、『トランプ現象の日本での発出』を立花氏に見ていると述べ、既得権益層に対する『一般大衆のいわゆる一揆』との認識を示した」（週刊文春2019年8月29日号）

とされるが、

「〝見ている風景〟がそもそも異なるということだけでなく、この点でも、〝N国党現象〟と〝トランプ現象〟は相似形を示しているからだ。

トランプ大統領の支持層は、〝トランプ大統領はエスタブリッシュメント（既成の権威や体制）を駆除するための劇薬であり、脅威として存在すること自体に意味がある〟と、割と本気で思っているふしがある。

大統領就任前には世界から総叩きを受けた〝トランプ現象〟が、今なお決定的に衰える様子を見せない理由は、〝トランプがどんなに悪いヤツだろうと、別に構わない。むしろ悪いヤツだからこそ大統領にする意味がある〟という支持者のロジックにこそある。それが既存の支配体制への〝嫌がらせ〟になるからだ。」（同記事）

として、立花の支持者を見ている世界が異なる「鏡の国の住人たち」と評していることには、一定の理がある。

一方、実業家の堀江貴文もN国党現象についてトランプ現象との類似点を見出しながらも「(トランプと違って)ビジネスマンではない」ので、首相に上りつめたりすることはないだろうという見解を示しており、筆者もこれに同調するものである。

しかし堀江はその後上杉を介して立花に会い、「頭がいい」「天才だ」と評価し、埼玉県参院選補選においては「掲示責任者」として協力までしている。

堀江やメンタリストDaiGo、鴨頭嘉人《かもがしらよしひと》といったユーチューブ上で人気を集める自己啓発系インフルエンサーがN国党支持に回るのには、経済的な裏付けがある。堀江は「HIU」なる月額1万円のオンラインサロンを開設。DaiGoも月額500円の有料会員を13万人以上抱え、鴨頭は講演家として集客している。頭は悪いが政治など高度なことをしたがる、ラクして頭よくなりたいバカであるN国党シンパは彼らの潜在顧客だからだ。ナチスも乗っておいた方がお金が儲かると考えた軽薄な知識人により急進したので、その二の舞は避けねばならない。

立花はその場の再生数を稼ぐために筋の悪い方法で様々な人間を敵にまわしており、それは本人が「プロレスだ」と主張したところで回復される被害ではない。

現に、立花の名はすでに売名されきったであろう2019年8月の埼玉県知事選挙において、N国党の浜田候補の得票率は3・3％に留まった。その他二人の、政党からの支援を受けない泡沫候補の得票数が2・1％、1・8％であったことを加味すれば、N国党の支持率は参院選後大きく伸びてはいないと評価できる。

ある時までは悪名は無名に勝るが、日本の有権者も愚昧《ぐまい》ではない。立花には、インテリから相手にされない、新興メディアを使ってのしあがってきたといったトランプとの共通点こそあれ、今後日本版トランプが出てくるとしても、それは立花ではないだろう。

連合赤軍との比較

前述の、二瓶文徳中央区議に対する執拗な攻撃は、山岳ベース事件、あさま山荘事件などを起こした連合赤軍の「自己批判の強要」を思い起こさせるものだ。立花は二瓶議員を執拗に「許さない」などとして糾弾《きゅうだん》する一方、「一言謝れば許す」などと言っている。大橋や加陽らも自身のユーチューブで「裏切りもの」などと批判している。

連合赤軍は、しばしば総括《そうかつ》と称して各人に政治的な反省を迫り、これはやがて、本人の自覚を助けるとして、周囲の者が総括をされる対象者に対し、意見や批判を行うものに発展した。革命戦士として自己を鍛えると称して、「総括」が凄惨《せいさん》な暴力に発展していったのは周知のとおりである。

二瓶のほかにも、2019年4月の統一地方選後に突如要求された「党に130万円を貸し付ける」という条件を飲まずに離党した議員は何名もいる。

例えば、豊島区議会議員のくつざわ亮治《りょうじ》は、

「NHKから国民を守る党から離党しました20190429」という動画を2019年4月29日にアップロードし、離党の理由として、

「参院選に出るといって議員にお金を出せといったのが一番問題だ」

「参院選に10人の候補者を出すことについて、党全体の総意を確認したのか」

「参院選の立候補自体に賛成できない」

「立候補者を独断で選定しており、誰にも何の相談もない」

「参院選の候補者の中に、前の前の彼女と、現彼女が含まれる、非常に私的な選定」

「男女関係に潔癖ではありませんよ、私は。そんな私でもドン引き」

「2019年4月27日の総会において、130万円を出さなければ除名するというが、脅迫ではないのか」

「各人の経済状態を把握しておらず情報収集能力がない」

「党費を任意・ゼロ円、月10万円、月12・5万円など各人にバラバラな額を提示して恣意的な運用をしている。金銭に対する不正確さ、曖昧さ、いい加減さ」

「一度金銭を提供してしまうとたびたび提供を求められるのではないかというおそれ（があある）」

「リーダーとしての資質に疑問を持ちました」

と厳しく立花を批判したうえで、豊島区議会議員を辞任する意思がないことを明らかにしている。

この後立花は、

「刑事告訴します！　NHKから国民を守る党を除名した豊島区議会議員【くつざわ亮治】を被疑者【公職選挙法違反及び名誉毀損罪】として刑事告訴します」

とするタイトルの動画を出し、

「明らかな公職選挙法違反　名誉毀損罪を犯しております」

「お金を払うことを同意しているわけですね。合意してるお金を金額を少し金額をあげてそのお金を払えないことについて　脅迫罪といっているわけですね。これ明らかな名誉毀損」

「まるで私が犯罪者かのような　明らかに名誉毀損なんですね」

などと動画をアップロードしているが、2019年8月28日現在、くつざわが名誉毀損なり公職選挙法違反なりで捜査を受けた形跡はない。その後は、

「4名を除名した理由は《らあめん花月》会長が、お金を使って自分の政治思想を強要しようとしてきたからです」

などと語る動画を2019年5月7日にアップロードしているほかは、くつざわに対して言及している様子はない。

このように、二瓶文徳と同様に党の名前を利用して選挙に当選しておきながら党から離れた人物は二瓶のほかにもいるのに、立花は特定の人間を恣意的に攻撃する。

その理由について立花は2019年8月30日にアップロードした動画で次のように語る。
「どうして二瓶文徳だけを追いかけるのかということについては、…まあ10人除名しましたけども、…僕は一番弱いところに行きます。…とにかくその弱い息子さんを攻めるということであります。…弱い者イジメするなという方もいらっしゃるかもわかりませんが、これが僕のやり方です」

マツコ・デラックスの「今のままじゃ気持ち悪いひとたち」という発言に反発して、「権力の犬」「男か女かわからない気持ち悪い物体」などと称し、MXテレビに抗議活動を加えるなどしたのに対して、立花に対して苛烈な批判をしている太田光に「愛情を感じる」などと言い、攻撃を加えないこととも類似する。

これは、連合赤軍指導部の森恒夫《もりつねお》や永田洋子《ながたようこ》が山岳ベース事件において構成員に求めた総括が、いったい何を反省、自己批判すればよいのか必ずしも明瞭ではなく、閉鎖された空間のなかで、批判のための批判、見せしめとしての批判に堕《だ》していったことにも類似している。

毛沢東「文化大革命」との比較

そもそも連合赤軍は毛沢東主義をベースにしている。〝文句があればユーチューブで言えばいい、とにかくみんな言いたいことを言いまくればよい〟とする立花の手法は、「百《ひゃっ》花《か》斉《せい》放《ほう》百《ひゃっ》家《か》争《そう》鳴《めい》」を思わせる。

〝どんなことでも言いたいことを言えばよい、批判を歓迎する〟という一方、批判の内容の精査は行われず、恣意的にスラップ訴訟で言論の自由に攻撃を加える様は、さながら現代の文化大革命と呼ぶべきものである。

やみくもに立花の言うことを信じ、その劣化コピーともいえるいわゆる「N国党信者」は、破壊の限りを尽くした紅《こう》衛《えい》兵《へい》を思わせる。「法に規定されているとはいえ正義にもとっている」という理屈で法秩序を否定し、独自に人権侵害を繰り返すN国党の手法は、「造《ぞう》反《はん》有《ゆう》理《り》」を思わせる。

「歴史は繰り返す。一度目は悲劇として、二度目は喜劇として」……喜劇で終わることを祈るばかりである。

イスラム国「グローバルジハード運動」との比較

スリランカの過激派テロ組織「ナショナル・タウヒード・ジャマア」は、日本人を含む320人以上の死者を出した同国の同時多発テロの主謀団体であるが、そのリーダーであるザフラーン・ハーシムは人気ユーチューバーでもあった。彼は、ユーチューブ上に自身の説教を多く投稿し、

「神はこの世をイスラム教徒のために創造した」

「イスラム教徒に反対する者は誰であれ殺されるべきである」

「不信仰の地に住むことは罪である。不信仰者がたとえ善行をしたとしても、私はその人を憎む。なぜなら彼は不信仰者だからだ」

「ヒンドゥー教徒もキリスト教徒も仏教徒も不信仰者であり、彼らには生存権はあるが、統治する権利を持っているのはイスラム教徒のみだ。不信仰者は、イスラム教徒の統治を認め忠誠を誓うという条件下でのみ生存が許される」（以上、イスラム地域研究者・飯山陽「FNN PRIME」記事2019年4月）

などと発信して、イスラム国に忠誠を誓っていたとも報じられている。

東京大学先端科学技術研究センター教授・池内恵《いけうちさとし》は論文「グローバル・ジハードの変容」において、「ジハードのシステムにおいて、組織の基本単位は相互に面識のない小規模の部隊である」「部隊間のつながりは『共通の名前』『共通の方法』『共通の目標』だけに留めることが肝要である」と主張したアブー・ムスアブ・アッ＝スーリーを紹介し、「欧米諸国の中にイスラーム教徒移民の二世世代や改宗者が過激化し、『国内育ち』のテロリストとなる現象」を説明した上で、「インターネットなど新たなメディアコミュニケーション環境の出現を背景にして、各地でジハードに身を投じようとする若者たちが個別に出現した特有の状況」を分析している。

すなわち、現代のテロリズムは、拠点と組織が存在し、そこへ人間が勧誘され訓練を積んだ上で実行されるというよりも、インターネット上での特異な主張に共感した人間が独自に行動を起こすという特徴がある。これは、N国党の組織図と非常によく似ている。

テロリズムを実行する団体にも、当然一分の理は存在し、ユーチューブのように一度その人物の動画を見ると繰り返し同種の動画をすすめられるようなシステムにあっては、社会の秩序から大きくはみ出した主張であっても、それが正当で人々の支持を得ているかのように感じられていくものだ。

ユーチューブも、テロを扇動する動画の早期削除、対策強化を打ち出してはいるものの、原理的に後追いになっていく。過激な動画に対する需要が大きい以上、ユーチューブ以外の動画共有サイトでそのような動画が広がり、現実に影響を及ぼしていく危険もある。それは実際に海外ではすでに多数起きていることなのだ。

第三章のまとめ

◆立花は批判者や反対者の住所を晒し上げたりするなど不法行為も甚だしい。〝人間を晒し上げることで人間は恐怖する〟という認識を持ち、それを平然と公言するのが立花という不届きものである。

◆不法に私人逮捕だとして、個人を拘束したり、脅迫をしたり、開き直って強弁したりして反論するのがN国党という危険団体である。

◆必要以上に立花をヒトラーだと言うのはよくない。ヒトラーではないのだから。ヒトラーでないものをヒトラーと言ってはいけない。オウムでないものをオウムだと言ってもいけない。

◆N国党を必要以上に警戒するのもダメだけれども、必要以上に軽視するのもダメなのである。そのあたりを慎重にかつ適切に分析をしている人が少ない。

第四章

N国党は今後どうなっていくのか

N国党は政権を取ることができるのか？

政権を取ることはないだろう。しかし、軽視しすぎるのもよくない。

たとえば、「N国党は終わったな」とか、「今回の選挙でも三連敗してもう終わった」とか、

「人気もなくなったからオワコンだ」とかよく言われる。それは違う。

N国党の支持者層はすごく多岐にわたっている。立花と個人レベルで結びついていたりするので
簡単には終わらないだろう。立花が終わらないと思っている限り終わらないのだ。

立花の本質というのは、〝2ちゃんねるの独り言おじさん〟であるときからずっと変わっていない。

N国党が終わろうが立花はずっと居続けるし、それはいつか再起する可能性もある。

だから必要以上に警戒するのもダメだけれども、必要以上に軽視するのもダメなのである。

そのことを適切に分析をできている人が少ないと思われる。前章でも述べたとおり、
必要以上に立花をヒトラーだというのもよくない。ヒトラーではないのだから。

ヒトラーでないものをヒトラーと言ってもよくないし、オウムでないものをオウムだと
言ってもいけない。しかし、オウムでないから安心だということでもない。

そうであるならば、N国党の存在の何が問題なのかについて
この章では明らかにする。つまり「言論の自由の放棄」についてである。

立花の「法に対する態度」とN国党の拡大戦略

第三章で述べたように、N国党は過去や現在の様々な政治運動・社会問題との共通点を持っている。しかし、2019年7月の参院選時に「七連ポスター」が公職選挙法違反にあたる可能性を指摘された際には、刑事事件となる可能性があるためやめると宣言し、実際に取りやめている。

「処罰がない法律は犯してもよい」

立花は「処罰がない法律は犯してもよい」と豪語し、高須克弥氏との対談においては、「科料の可能性はあると言われています。…科料って…タバコをね、条例違反で吸ったぐらいのもんですわ」（ニコニコ生放送2019年8月24日）

（NEWSポストセブン「『NHKから国民を守る党』の参院選7連ポスターがNGのワケ」2019年6月25日）

と話し、罰則のあるものについても科料程度であれば問題はないという考えを明らかにしている。しかし「七連ポスター」のような公職選挙法違反にあたっては、公民権の停止の可能性もあり、今後の活動に支障が出ると判断したのか、取りやめている。

こういった事情を総合的に判断すれば、立花はあくまで「法のギリギリのラインを攻める」ことを信条としており、N国党が即座にテロリズムに結びつく危険性は少ないといえる。

一方で、「グローバルジハード運動」のように、立花がしているような「ギリギリのラインを攻める」ということを解さず、独自の解釈で法を犯す支持者や周辺人物が出てきてもなんら不思議はない。

また、立花は「命の限りがわかればテロをする」と公言しており、N国党が勢いがあるうちはともかく、支持を失い政治家として「NHK放送のスクランブル化」が不可能になったときに立花や支持者がどう動くのかについても懸念が残る。

丸山穂高と炎上商法

2019年4月の統一地方選挙で26人の当選者を出し、同年7月の参院選で議席を獲得したN国党は立花議員誕生後に拡大戦略に打って出た。同月内には「北方領土戦争発言」によって日本維新の会を除名処分となった丸山穂高衆議院議員が入党、元みんなの党代表の渡辺喜美参院議員と会派「みんなの党」を結成するなど勢いを見せた。

丸山は「見ないからNHK受信料を払わないというのは法令上通りません。受信機がある世帯は基本払わなければなりません。」（2018年3月16日）と発言していたのに入党していることから、日本維新の会を除名され次回衆院選での当選可能性がなくなったことから一種の「賭け」に出たことが容易に推測できる。

以降、竹島を巡っても「戦争で取り返すしかないんじゃないですか」などと発言し、炎上商法と批判を受けている。渡辺は会派結成理由について「会派がないと何もできない」と発言している。

このように、「非倫理的」だがそれに乗っかることによって利益があると見た「知識人」「常識人」が加わることによって党勢を拡大していく過程は、ナチスドイツに類似する。

2019年参院選後のN国党

しかし、参院選後の選挙ではN国党は票を伸ばしていない。

2019年8月の埼玉県知事選挙では、N国党公認で立候補した浜田聡は6万4182票の獲得で落選に終わった。

これは、7月の参院戦で同様にN国党から立候補した佐藤恵理子の獲得した8万0741票を下回っている。「知事選は死票が多くなる」「投票率が県知事選の方が低い」「得票率は伸びている」などの反論はあれど、立花の注目度やメディアへの露出の増加に比して票数の伸びが見えないことが指摘できる。

また、同年9月1日に執行された鹿沼《かぬま》市議会議員選挙においては、N国党公認候補のあわや光太郎は471票の得票で最下位落選に終わっている。9月8日の交野《かたの》市議選でも落選、9月15日の長野市議選では、参議院議員選挙時から得票率を75％ほど減らして大敗した。

なお、9月22日の天童《てんどう》市議選では、票数が少ないながらも定数22のところ23人のみしか立候補せず、N国党は最下位ながら、参議院議員選挙後はじめて議席を手にした。

N国党は「炎上商法」で、〝話題になれば知られる〟〝悪名は無名に勝る〟の精神で活動を続けてきたが、一定の天井を見た格好になる。

日本の有権者はN国党を拒否した、と結論づけてもよい。そして、N国党が集めてきた支持者は、炎上を見て集まってきた支持者だ。

いまさら「きれいな政党になる」ことは難しい。これからも、下劣で品性のない炎上商法を繰り返していくしかない。もはや急激な党勢拡大が難しいと悟った立花は、「NHKスクランブル化をBS放送のみ、二〇年後」と言い出す始末である。

さらに付け加えておかなければならないことがある。

立花は度々視聴者から高利で金を借りている。２０１９年11月22日に立花は、「お金貸して下さい。１００万円単位で年利10パーセントです。借りるのはＮＨＫから国民を守る党という法人です」という動画を公開。なんと3時間で、計２２１名から4億５０００万円近い貸付の申し込みがあったことを報告した。

しかし、N国党は広告収入を含め返済原資がなく、衆院選のため前の借金を返しているだけだと思われる。このような状態ではいずれ破綻するであろう。

N国党が破壊していく「一線」

上記のとおり、N国党は過去の危険な団体や運動との類似点が多くありつつも、団体として大きな事件を起こす危険性は少ないと結論づけられる。だとすれば、何が問題なのか？

たとえば、立花は２０１９年8月26日に「彼女を守るために東京弁護士会に規則で禁止されているカメラを回しながら突撃しました」とする動画を出し、録音・録画が禁止されている東京弁護士会の会館内で記録のためと称してカメラを回し、自身のチャンネルへ動画をアップロードした。

交際相手とする司法書士の加陽麻里布が、自身が代表を務めるコンサルティング会社の事業でいわゆる「退職代行」を行っており、これが非弁行為に該当する可能性があるとして弁護士法に基づく調査依頼を受けたのに対して、「口頭で回答する」と称し突撃したものだ。

施設の管理権をおかすこともためらわず、公安警察でもうかつに入ることのできない弁護士会に突入し、国会議員という立場を露骨に示し圧力を加える様は、弁護士自治に対する攻撃だ。

ニコニコ生放送の「凸」の延長線上で、われわれが歴史への反省のもとに築き上げてきた数々の制度を意識的・無意識的とを問わず破壊していく。

小西ひろゆき参議院議員に突撃した際には撮影が禁じられている参議院議員会館内を公開しているが、これは小西氏に対する問題にとどまらず議員会館内の公安文書などの流出のリスクをまねく。

日本維新の会を率いる松井一郎大阪市長が、立花が参議院議員会館内でのＮＨＫ受信料不払いを宣言したことに呼応して、「ＮＨＫが現職国会議員の受信料不払いを認めるなら、大阪市もやめさせてもらう」と言い放つなど、コンプライアンス軽視の姿勢は伝播していく。

「言論の自由の放棄」とは

また、柴山昌彦《しばやままさひこ》文部科学大臣（当時）は2019年8月26日に「通りがかりでヤジを発するということはともかく、大声を出したりというのは権利として保障されているとは言えないのではないか」などと発言するなど、N国党のしている「私人逮捕」を正当化するかのような見解を発した。

もっとも尊重されるべき政治への批判を軽視し、ときには不法に監禁し、個人情報保護法の理念を無視した動画をユーチューブにアップロードするN国党の行動は、言論の自由に制約を与えるばかりか、それに同調する権力者を勢いづかせていく。

ユーチューブ上でも「令和タケちゃん」を名乗るユーチューバーが共産党や顕正会を「撃タイ」「タイホ」などと称して、違法行為を行っていない団体や個人の名誉を毀損している。

これは当該団体に対するダメージではなく、日本の自由民主主義に直接ダメージをもたらす。

このように、N国党のするひとつひとつの行動は〝罰せられないもの〟、または〝罰せられないほど軽微な犯罪〟であっても、N国党が「これは破ってもなんともならないんだ」といって破壊したラインは確実に大衆に影響を及ぼし、結果的に政府にも影響を及ぼす。

N国党のひとつひとつの行動が開いた地獄の釜が、より悪いものを放出していくということを、まだ自由な言論が行えるうちに指摘し続けることが肝要だ。

言論の自由は一度失われてしまえば二度と回復することができない。そして、われわれはユーチューブを通じて、自らの手で喜んで言論の自由を放棄しようとしているのだ。

第四章のまとめ

◆N国党は「炎上商法」で〝話題になれば知られる〟〝悪名は無名に勝る〟という精神で活動してきたが、一定の天井を見たと考えている。

◆N国党の支持者はすごく多岐にわたっている。立花が終わらないと思っている限りこの組織やN国党的なる存在は終わらない。

◆「処罰がない法律は犯してもよい」という立花の考え方、コンプライアンス軽視の姿勢が一般大衆に伝播していく可能性がある。

◆言論の自由は一度失われてしまえば二度と回復することができない。われわれはユーチューブを通じて、「言論の自由を放棄」する結果にならないかを考える必要がある。

第五章

N国党のロジックを党員に聞く

［N国党員への特別インタビュー］

「N国党は公に主張し、なんでも話す」と立花が語っているように情報公開を約束している。ならば私の分析や主張に妥当性はあるのか。N国党内部の人間に語ってもらうことで明らかにしてみたい。立花に深く洗脳されている人もいれば、洗脳されてはいないけれど利益を求めて、つまりN国党の数字を求めて、意識的に近づく人もいる。その代表例となるふたりに聞く。N国党は馬鹿ばかりだというのも嘘だし、高学歴の人間ばかりだというのも嘘。立花の命令に全員が従う組織なのか、どのような指揮命令系統があるのか、お金の流れはどうなっているのか、立花孝志という人間に惹かれる理由とは何か、などN国党を代表するインテリのふたりに語ってもらった。

N国党衆院選 九州比例ブロック公認候補（のち離党）

升澤裕介

ますざわ・ゆうすけ◉Youtuber「マスザワ内閣」（愛称：まっすぅ）。1992年9月28日生まれ。神奈川県横浜市出身。東京大学法学部卒業。ホワイト企業の不動産法人営業にて3年間勤務後退職。寅さんの格好で世界中を旅し、各地の旅行情報をわかりやすく伝えるというYouTuberになる。その後、アムウェイの勧誘の実態を暴く動画が話題に。チャンネル登録者数は5万4000人。離党とともにYouTubeは休止中。

N国党現参議院議員・医師

浜田 聡

はまだ・さとし◉政治家、医師、不動産経営者。1977年5月11日生まれ。京都府京都市出身。NHKから国民を守る党所属の参議院議員（1期）。東京大学教育学部卒業後、京都大学医学部へ再入学し卒業。放射線科専門医となる。2019年10月10日、立花が参議院埼玉県選挙区補欠選挙に立候補を届け出て参議院議員を退職（失職）したため、同月21日に次点の浜田が繰り上げ当選した。その後、党政策調査会長に就任。

N国党衆院選九州比例ブロック公認候補（のち離党）
升澤裕介へのインタビュー

２０１９・８・28
聞き手◉えらいてんちょう

升澤はユーチューバー「マスザワ内閣」としてチャンネル登録者5万４０００人を抱える。マルチ商法への潜入動画などで人気を博する社会派ユーチューバーで、東大法学部を卒業した26歳の青年だ。インタビュー当時はN国党九州比例ブロックに公認されていたが、のちに離党した。筆者とは知己である。N国党に入党するに至った経緯と、内部状況を聞いた。

――自己紹介をお願いします。

東大法学部第３類政治コースを卒業後、都内の不動産会社に３年勤務しました。その後世界を放浪しながらユーチューバーをはじめました。旅している様子をあげてみれば、と友人にすすめられて開始しました。ユーチューブは２０１８年の10月くらいに開始しました。12月末から日本に帰国して、本格的にユーチューバーとなりました。

——N国党を知ったきっかけを教えてください。

2019年4月の統一地方選前後に、おそらくはユーチューブ上でN国党を知りました。足立区議選等に立候補されている司法書士の加陽麻里布先生からもともと視聴コラボしたいと言われて、N国党ネタでコラボしようという話になり、詳しく知りました。

入党に至るきっかけとは

——入党に至るきっかけを教えてください。

参院選後に自身のチャンネルで立花氏とコラボできないか、加陽先生経由で連絡し、実現しました。その際に、次期衆院選での出馬を打診されました。2週間から3週間ほど、家族らと相談して、出馬の決心に至りました。

——N国党に入ろうと思った決め手を教えてください。

もともと、政治家になることに興味があり、自身が国会議員になり、NHKという巨大権力と戦うという構図に惹かれました。自分がユーチューブでもマルチ商法と戦うといった弱者を救う動画を上げている中で、NHKという〝巨悪〟と戦うことに魅力を感じました。もともとNHKに受信料を払うことに疑問を感じていたので、可能であれば協力したいと感じ、入党に至りました。

――NHKに暴力団員がいると立花さんが言っていることについてはどう思いますか？

暴力団員を直接見ていないのでなんとも言えませんが、相撲協会とのつながりなどもあり、疑惑としてはあると思っています。

――罰則のない法律は犯していいんだという主張についてはどう思いますか？

経営者が労基法（労働基準法）を違反しても罰則がないから、と同じようなスタンスだと思います。罰則のない法律については努力義務だと思っておりますので、守るべきだとは思いますが、絶対のものだとは思っていません。ＮＨＫ受信料については法解釈の問題で、私は見なければ払わなくてよいものだと考えています。

――最高裁では「放送法は受信設備の設置者に対して受信契約の締結を強制する旨を定めた義務規定」であるとされていますが、法解釈においては重視されない、ということでしょうか？

最高裁の判断は個別具体的なものなので、個別の支払い義務については様々な事情があるでしょうから、それぞれが裁判で決されるべきだと考えています。

立花孝志の印象は

――立花孝志氏についての印象を教えてください。

実行力、マスコミなどを気にせず唯我独尊でやり続ける、そういったところにカリスマ性を感じています。誰に対してもフラットに合理的に話してくれるところに魅力があるんじゃないでしょうか。みんなで甲子園にいくぞ！というキャプテン的な魅力もあります。日本みんな、堂々としていて引っ張っていってくれるひとを探しているんだと思います。日本は無宗教の国ですし、メンターのような存在を探しているのではないでしょうか。オンラインサロンの隆盛《りゅうせい》なども重なる流れがあり、N国党はそれをうまく掴んでいるのだと思います。

私は立花さんはメンターというよりはビジネスパートナーと考えています。NHKに対して共通の問題意識をもっている。彼は高学歴の党員がほしいし、私は選挙で戦ってみたい。そういう利害の一致です。私も立花さんのように口が悪いので、そういった共通点もあるのかなと感じています。立花さんのやっていることはダークサイドに属すると思いますが、そういった面でも大事だと思います。トランプ現象と同じように、国民の2〜3割はダークサイド側についてくれるんですよね。ダークサイドがあるならばその代表者もいるのが民主主義であり、これから伸びていくと感じたので参画しました。

「白人は最高、メキシコ人は追い出せ」というトランプが大統領になったのと同じ感触を得ています。世の中の圧を受けているひとたちの代表として、そういう人が国会に行くのは当然だし、これからも伸びていくと思います。ユーチューバーとか、そういった発信力があるひとというのが目立つ。だからこそ、どんどん拡大していくだろうな、という気はしています。

――ひとびとのルサンチマンを集めて力にしている、ということでしょうか？

そういった面もあります。既得権益をぶっ壊すというか、なにか今までできなかったことをやってくれるんじゃないかといった、ヒロイズムみたいなところがありますね。岩盤をぶち抜くみたいなことをやってる人を見てすごく興奮を覚えるっていうのは、当たり前の結果なのかな、というふうには思います。

訴訟濫用社会にならないか

——N国党の批判者には裁判上等というところがあると思いますが、白黒はっきりつける訴訟社会のようなものを望んでいるのでしょうか？

なあなあにする、間を取るみたいな話は面白くないので、そういったところが支持されていると思います。そうはいっても、現実の社会というのはそういうものではないと思っていますから、裏ではしっかり交渉をして、折り合いをつけていく。パフォーマンスの部分と、実際の部分は分けて考えていると思いますし、そうなっていくとは思います。でも、ナルトとサスケが戦ってるから『ナルト』は面白いわけで、ワンピースがドフラミンゴと和解したらダメですよ。ルフィが悪をぶっ飛ばすからみんなが見ているわけで、そこを金くれるから協定してやるよとか、そんなことやったらもう終わりなんです。

——様々な利害関係がある実社会では、「悪をぶっ飛ばす」ことで問題が解決することはありませんし、白黒つけないと耐えられないひとたちが多くなってしまうとすごく危険なように思いますがいかがでしょう?

はい、もちろんそうです、私もそう思っています。パフォーマンスとして、表では絶対白黒つけてやると言うと思いますけど、今後NHKのスクランブル放送を実現するにあたって、ちゃんと憲法改正であるとか、自民党に対しての交渉とか、折り合いを付けながら、どのようにNHKを改革していくか、ということはきちんと考えてると思います。表では絶対にそういったところは出しませんが。折り合いを付けていかないとNHK改革って絶対できないので。

支持者の嫌がらせについて

——支持者の中には、批判者に対して脱法ハーブを送りつけるなどの危険な動きがありますが、それをどうやって抑止していくのか。あるいは抑止する必要はないと考えているのか。そのあたりについてお聞かせ下さい。

動画で私が注意喚起をしていくなどの必要はあると思います。しかし、どのような行動に対して注意喚起をしていくかは、ちょっと難しいです。マルチ商法についても、この商法は合法なのですが、「儲かんないし人が不幸になんじゃね？」ぐらいの気持ちで自分のユーチューブでの活動もやっていたので。

――立花党首は批判者に対して大勢で押しかける、適法ではない私人逮捕をする、訴訟をしかけるなど、言論の自由を委縮させるような行為を繰り返し行っていると感じます。それについてはどう思われますか？

個人的には「法律は守る」というだけで、立花さんは立花さんでそういうことをやっていくのであればこちらとしてはそこには関与しません。N国党というのはネットワーク組織なので、あまり「党として皆にどうしよう」といったことがないのです。

例えば会社の社長が、「どんだけひとを苦しめようと金儲けしてやるんだ」みたいな人物であっても、「社長の行動とかがどうであっても協働できるところはすりゃいいじゃん」

っていう感じです。そんなの嫌だといって辞めるひともちろんいますけれど、たとえば飲食店だとしたら、ひとを喜ばせたりすることができるということに魅力を感じているのであれば続ける、というようなひとはいます。別に全て立花さんの思想に染まる必要もないですし、N国党で「NHKをぶっ壊す」というイシューは一緒なんですよね。その範囲で協働できるところはすればよいという考えです。もちろん、耐えられないことがあれば、批判したり離党したりする可能性はあります。

党内での批判や離党について

――批判や離党に関してですが、中央区議の二瓶文徳さんがN国党から出馬して離脱したということで激しく攻撃されています。嫌なら離党すればよいと立花さんはおっしゃっていましたが、こういった例を見ると「簡単には離党できない」構造があると感じるのですが、党員としてそのことについてはどう思われますか？

どういうふうな経緯でそうなったのか詳しく知らないので、ノーコメントかなと感じています。人間関係ですから、不倫が原因でものすごいいがみ合ってる夫婦であっても、そこに私たちは、全く踏み込むことはできないと思っています。誰かと誰かがけんかしてるときに、割って入ることはできても、それに対して判断を下すことは私はできないかなと思ってるので。それこそ司法判断してほしいなというふうには感じています。

――立花党首は「自民党議員をスクランブル化に賛成させるためにどうするかって言ったら、こいつは反対してるって言って晒しあげて、皆で攻撃すれば意見は変わるんだ」と言ってたわけですね。二瓶さんへの攻撃というのは一つのまあ生贄《いけにえ》というか、裏切るとこうなるぞ、という立花さんのメッセージを発してるように思えます。そのことについてはどう思われますか？

それはあるんじゃないですか。上手く立ち回るしかないですよね。抜けたかったら、たとえば立花さんとの人間関係を作って別枠で政治をやるとか。もしくは、週刊文春とか、それこそ立花さんと敵対してる勢力を味方につけるとか。実際問題として私はえらてんさん（筆者のユーチューブ上の名前）と仲いいですけれど、えらてんさんが私を批判する動画を出してるせいで、えらてんさんの周りの人間はえらてんさんをもう批判できないなとか、えらてんさんの考えに合わなければえらてんさんに攻撃される可能性があるな、というふうに思う方はいるかもしれません。国会議員で国政政党の長とはいえ、自民党などでもそれは同じなのではないでしょうか。表に出るか裏に潜むかの違いで、表に出るだけまだマシだととらえています。

「暴力はやめてほしい」の真意

――立花氏に対して「暴力はやめてほしい」といったことを訴えていますが、そういった懸念とはどのように折り合いをつけているのでしょうか？

自分がそういった動画を出した際に立花さんが「リツイート（※ツイッター上で拡散すること）」してくれていて、立花さんもそういったことを考えているのだな、支持者に対してＮＨＫを攻撃しろ、みたいなテロリスト的な行動を促したり、起こしたりするつもりはないのかなと思い至りました。

——N国党はNHK放送のスクランブル化を実現した際には解党すると宣言していますが、党の生存本能として、それが実現されたら目的を失ってしまうので、本気ではやらないのではないか、という懸念があります。また、仮にスクランブル放送が1回実現されても、再度放送法が改正されれば受信料制度は復活となる可能性もある。とすれば、党のロジックとして解党はしがたいのではないかと感じていますが、そのあたりについて見解をお聞かせください。

理念によりますね。今は理念が一致しているために入党しているので。〝直接民主主義党〟のようになるとも言っていますが、あるいは他の政策の個別判断は議員にまかせるとも言っていたり流動的ですので、理念への一致があれば行動をともにすると思います。

——訴訟の濫用など、オウム真理教的と評されることもありますが、それについてはどう思いますか？

トランプ現象に類似していると思っています。大統領選前からトランプは面白いと思って観ていたのですが、正直であることがいいんじゃないですか？　もう嘘に飽きたというか、いろんなテレビのやらせとか、不倫で、あの人嘘ついてたんだ、とか。そういうつくりに、出来合いのものにもう飽きてるので、〝真実を見たい〟〝リアルを見たい〟みたいな人がすごく多くなっているのではないかと思います。出版の世界でも橘玲《たちばなあきら》が著した『言ってはいけない』『もっと言ってはいけない』という本の内容と似てますよね。つまり世の中の身もふたもない現実を露わにするという……。それを読者は目の当たりにしたい、というような。とにかくこの退屈な世の中を面白くしてくれるという期待。

トランプも悪いと思いますけれど、多分素で言ってるな、みたいなところがみんなに支持されている。そこは確かに悪いところでもあるけれど、でも国をよくしてくれるんだったらいいかこいつで、みたいなところがあると思います。多分立花さんとかはいろいろなことやっていて、パフォーマンスとか、支持者の中でもやっぱり、これは立花さんやりすぎだよ、っていうところもあると思うんですよ。でもやっぱり真実に生きているひとなので、このひとでもＮＨＫぶっ壊してくれるのを手伝ってくれるのならいいかな、みたいなところが結構あるかなと思います。

ファクトは必要ない？

――真実というのは客観的な真実ということでしょうか？　あるいは立花さんの主観の話でしょうか？　立花さんは「集金人に暴力団員がいる」という発言をはじめ、事実と違うことを言っているように思うのですが……。

素で生きているというか、立花さんの性格を丸々全部出しているというか……性格も生活もですね。お金の収支とかも動画で全部出してますけど、自分の感情を全部吐露しているということです。そこがやっぱり今すごく受けるポイントだと思っているんですね。

――ファクトが立花さん流に解釈されて捻られてる可能性があったりもします。検証は、立花さんの周りにいらっしゃるブレーンだったりがしなければならないように思うのです。立花さんが言ってるから、そこはなんか忖度しちゃったら、多分そのまま突き進んじゃう感じがするのですが、どう思われますか？

今、人ってファクトを求めてないじゃないですか？　ファクトを求めてないんですよ。ファクトを求めている人ってほんとエリートだけなんですよ。

――それはわかるんだけど、東大法卒のまっすぅがそれを言うのは怖い気がします。ファクトを求めてないのはわかるのですが、インテリがファクトチェックの重要性について放棄していくと危険だと思うのです。イスラム法学者の中田考先生が「東大卒の高級官僚のリーガルマインドがこの国の崩壊をギリギリのところで守っている」ということを言っていたのですが、ファクトに基づかない政治を始めれば、政策も何もかも無茶苦茶になってしまうのではないでしょうか？

客観的な、国民の事実として述べたわけで、私がそのファクトをいらないとか言ってるわけではありません。事実としてそういう状態があると思うわけです。そして、それを使って政治に食い込んでいる立花さんをとても面白い、政治の変わり目だと感じていますし、その流れを党の中に入って見てみたいというのが自分にとっての大きな動機です。

入党し、離党するまでに見えたもの

升澤とはもともと「ユーチューブ仲間」であったこともあり、インタビューに快く答えてくれた。「自分は自分、立花氏は立花氏である」「自分の目から問題があると思ったことは諫《いさ》めるが、究極的には個人の問題である」という認識が強いようだ。

新しい政治の波が来ている、それに乗れるチャンスがあれば乗ってみたいという好奇心が勝り、N国党に参与している。自身もユーチューブでの発信力をもっていることから、「組織にのまれない」という自信があるように見えた。

しかし、選挙における投票はN国党に対してなされて一つのまとまった勢力として行動するわけで、N国党から出馬し、N国党の名前で票を集めることはN国党のしている数々の「問題行動」について政治的責任を問われる立場に回ることを意味しているはずだ。組織のロジックは往々にして「知的な個人」をのみ込んでいく。

大きな運動、大きな流れの中でのみ込まれていく個人がたどる暗い結末は枚挙にいとまがないが、なんとかその流れから抜け出してほしいと一友人として願わずにはいられない、そんなインタビューであった。


なお、執筆中の2019年9月25日付けで、2カ月の間に起きた脅迫事件などをあげ「負の感情を集める怖さを知り、それが自分に合わないと感じた」との理由で升澤はN国党を離党し、衆院選に出馬することもなくなった。

しかし、東大卒の「良識的」人間がN国党に入り、抜けるに至るプロセスは大変興味深いもので、資料として価値がある。

このことへの評価はかなり割れており、N国党支持者のなかからは升澤を「裏切りもの」とする声もあるが、立花と話し「ゆっくり休んで」などと言われた「円満離党」であるため、大きな炎上には至っていない。立花の機嫌をとることが党にとって非常に重要であることが見て取れる。

N国党現参議院議員・医師
浜田聡へのインタビュー

２０１９・８・28
聞き手◉えらいてんちょう

インタビュー当時は２０１９年の参議院議員選挙にN国党比例代表２位で立候補して、その後埼玉県知事選挙、東大阪市長選挙などに繰り返し立候補をしていた。立花が議員を辞めたことで繰り上げにより参議院議員になった医師の浜田聡氏に話を聞いた。

――自己紹介をお願いいたします。

京都出身で、現在は医者をしています。１９７７年生まれで現在42歳です。中学は京都市の公立の中学で京都の洛南高校に進みました。その後、１年浪人して東京大学理科Ⅱ類に入学、教育学部の身体教育というコースにいました。東大卒業後はそのまま教育学部の大学院に進み、修士号を取得しました。その後2年の浪人期間を経て、京都大学医学部に進学しました。学部と大学院で、体育っていう扱いですけど、生理学の研究の研究室に所属し、体の仕組みには興味があったので、それで医者になろうと考えました。最初は大学院で研究者を目指したこともあったんですけど、研究者に向いていないなというのもあったり、仕事としての研究者には安定性がないこと、そういったことをいろいろ考えて医師を目指しました。27歳で京大に入り、6年で卒業し、いま医師としては9年目か10年目になります。青森県の十和田市立中央病院で初期研修を終え、放射線科に進みました。それが倉敷《くらしき》の病院で、現在もその病院に勤務しながら党の活動にあたっています。

――N国党を知ったきっかけを教えてください。

2016年の東京都知事選です。政見放送を見て知りました。普段から政見放送を見ているわけではないのですが、東京都知事選は特に面白いのでチェックしていました。きっかけはマック赤坂さん（現港区議会議員）です。マック赤坂さんがこれまでも面白い政見放送をやっていたので、今回はどうかなと思って見ていたら、ほかの候補も面白いなと思って、立花さんを知りました。

――「さて私はこの政見放送で『NHKをぶっ壊す』って何回言ったでしょうか？　続き

はｗｅｂで」という放送でしたよね。続きはｗｅｂにいって、参加するようになったのでしょうか？　面白い政見放送だなというところから、N国党に近づくようになったきっかけを教えてください。

すぐにはいきませんでした。「小池旋風」が起こった２０１７年東京都議選の葛飾選挙区に立花党首が出ていて、都議選なら通ると思っていたのですが、落ちてしまった。その選挙の前に動画を結構あげていて、「まず自分は通りません」とか言っていて、「そうなんだ」と思っていました。その前後から動画の視聴者でした。

最初はすごい動画だなと思っていました。編集もなく、動画を撮っているときに（立花党首に）電話がかかってきて出たりとか。

入党のきっかけとは

――当初から立花さんは「編集をしない」ということを明言していて、結果的に正しいのだろうなとユーチューバーとして感じています。リアルタイムであげられるし、手間がないですしね。浜田さんは動画の視聴者になってから、その後どのようにしてこの党から出てみたいと思うようになったのでしょうか？

２０１７年ころは、常にN国党から出馬している人を募集していたような感じだったのです。選挙の勝ち方という動画をいくつもあげていて、面白いなと思いました。私も『東大医学部を出て議員になった私から　投票したい政治家がいないあなたへ』（清山知憲著、サンクチュアリ出版）という本を読んだりして、政治に興味を持ってはいました。しかし、既存の選挙が向いていないなとも思っていました。その中で、N国党は選挙の戦略が新しいな、と思ったのです。

——NHKに対する反感というか、改革をした方がいいみたいな思いはあったのでしょうか？

そうですね、まあもともと集金人は結構来てたんで、疑問というか、疑問プラスやっぱり反発があったのは事実です。受信料は払っていません。立花さんの動画を見て払わなくなったというよりは、もともと払っていませんでした。政治に対してはなんとなく興味を持ちだしたという感じです。医者3年目くらいまでは本業の勉強に必死だったのですが、比較的生活に余裕が出てきて、それで政治などに興味が向くようになりました。KAZUYA Channel（政治系のチャンネル。チャンネル登録者は60万人を超える）などを見ていました。『日本人が知っておくべき「戦争」の話』（ワニ文庫）を読んだのがきっかけです。

――N国党と行動を共にするようになった経緯を教えてください。

２０１８年の1月1日に、「こういうものです、来年の統一地方選挙に出させてください、岡山県議選の倉敷選挙区で出させてください」と立花党首にメールを送ったのです。後に実際に出馬し惨敗しました。メールに対して返信しないと（立花党首は）言っていたので、翌日に電話をしたのです。「当選は厳しいですよ。まあでも止めはしません」と言われました。この時点で公認をいただいたようなものですかね。

――ご自身もユーチューブチャンネル（チャンネル登録者２０００人超・毎日短時間・ライブ形式で動画を配信

している）を開設していますが、開設するに至った経緯を教えてください。

２０１８年の９月ころですかね。立花党首を見習って、自分で顔を出して話をする練習という感じでした。最初は編集も結構していて、旅動画でしたからね。

Ｎ国党の仕事とは

——普段のＮ国党の「仕事」はどんな感じなのでしょうか？

選挙が近くであればお手伝いに行ったり、しかし自由参加という感じですね。比較的関東地区の選挙が多かったので、回数は限られていましたけど、ちょくちょく忘れられない程度には行っていました。関西地方にはそこそこ行っていました。

——党にお金などは出しましたか？

県知事選のときに、自分の選挙で１４０万円くらい出しました。供託金は返ってきたのですが、ポスター貼りの人件費に50万円くらいかかったんですね、それが計算外で。プラスポスティングしたり、ビラを作ったり、撃退シールを作ったりですね。撃退シールは本部から送られてくるのではなく、自腹を切ります。後は参院選の供託金で６００万円出しました。比例代表は１人通ると２人分返ってくる扱いなんです。党で４人出てるので、２４００万円出して１人通ったので１２００万円返ってくる。しかし、党で出ているからそれは誰に返却するとかちょっと難しいので、党に貸しているという状態になるんですかね。ほかに「ひとり放送局の〝株主〟」に10万円だけなっています。立場上要求はできないですね、いまのところは。

――内情について教えていただいてありがとうございました。続いて思想的なところをお聞かせいただきたいのですが、罰則のない法律は犯していいんだ、という立花氏の主張についてどう思いますか？

そうですね、多分それ以後の話も全てに共通するのは、最終的には有権者が判断してくるかな、というところです。

――少し質問を変えます。有権者の判断というのは、非常にマジックワードというか、わかりやすい言葉ではあるんですけれども、私は〝立憲〟民主主義に照らすと問題があると思っています。有権者が「障害者を殺すべきだ」という法律を作りますよ。直接民主主義だったらありうるわけじゃないですか。立花さんは今そういう質問を設けてないけれども、障害者を殺すべきですか？　「はい」「いいえ」のどちらかを選びなさいと。「はい」が上回ったらオッケー、ということになってしまうじゃないですか。それを防ぐのは、インテリジェンス、立憲主義、憲法の尊重であると思っているわけです。今日お話を聞いた升澤氏とあわせて浜田先生をお招きしたのは、東大法学部を出ている升澤氏だったり、東大教育学部を出て修士号を取得されているお医者さんである浜田先生が、そのあたりについてはどうお考えなのかを聞きたいからなのです。たとえば生産性のない老人への年金は打ち切るべきだ、「はい」「いいえ」で、「はい」が上回りました。そういうときに浜田先生どう判断されますか？

あくまで直接民主制というのはN国党が議席を取った分でのものだけなので、それで政権与党を、という話ではなくて、そうはならないかなと思っています。

直接民主制についての考え

——もしそうなってしまったらどうしますか？　私もたぶんならないとは思っていますが、幹事長の上杉隆さんは「政権交代を目指す、289の選挙区すべてに候補者を擁立する」と言っています。仮にN国党が過半数になったときに、障害者を殺すべきですか？「はい」「いいえ」。そこで「はい」が上回ってしまったら、というのが心配なんですよ。それも「有権者の判断でしょう」となると、どういう止める理屈があるのかなと。

党首自身もそういう直接民主制の問題は理解してるというか、ひろゆきさんが番組（AbemaTV）で突っ込んでいて、たとえばこのスタジオにいる女性を全て水着にすべきだ、というと直接民主制だとそれがイエスになってしまいませんか、という質問をされていて、問題としては認識してるみたいなので。

――浜田先生自身はどうですか？　つまり全部有権者の判断だと言われると私の質問は終わってしまうわけだけれども、私としてはN国党内部のインテリジェンスにはその線引きというのをしていてほしいな、と言ったらこの本としてはちょっとスタンスとしてはおかしいですけれども、それができているのかできてないのかをお尋ねしたいのです。

政治的な判断をするのって結構難しいと思うんだけれど、それをあえて有権者に投げかけるというのはですね、それなりに説明の機会があるし、賛成側反対側を議論させて、それも含めて公開していく、と党首は言っていたので、そういうところが解決策になるのかなと思っています。

立花党首の独裁について

――2019年4月の総会のとき、「選挙の資金をどこから集めるか」という議題で、「議員から出すのか」「クラウドファンディングをするのか」を決める際に、多数決を取ったんだけれども、立花さんは結局「クラウドファンディングはやらない」という結論ありきで、話を打ち切って、クラウドファンディングをやりたい人が手をあげにくい雰囲気を作っていました。そもそも最初に〝独裁〟だと宣言しています。そうすると、賛成側・反対側が議論していくということができるの？　ということを疑問に思います。

あの時点では、今もそうかもしれないですけど立花党首の独裁というか、それをした方がいい、それですすめた方がいいなっていうのに自分自身は賛成だったので。戦略上の問題もあって。絶対的なものではないかもしれませんので、全然ベストではないですけど、ベストではないけどベターと思っています。現在の与党と野党よりは、なんていうか、茶番劇みたいなやりとりよりは、N国党の直接民主制を取り入れていくという方法は一つの起爆剤になると思っています。党首の言葉を借りれば、有権者がスクランブル放送をすべきだと思っているんだけど国会の政治家はもう全くそういう意見を表明する人は0だと。有権者が80パーセント／20パーセントで割れているのに、国会では0と100という、そこを変えていきたい、と言っていたので、それはそのとおりかなと思ってます。

私人逮捕に対する見解

――立花さんが「テロをする」と過去に宣言していることについてはどう思っていますか？　あるいは「私人逮捕」についてもお聞かせください。たとえば堺市長選挙（2019年）では実際に小突かれて、犯人は逮捕されていたのですが、柏市議選挙（2019年）で「嘘つき」と発言して「私人逮捕」された〝犯人〟は実際には逮捕されていないわけですよね。不当逮捕・誤認逮捕に当たり非常に問題だと思うのですが、いかがでしょうか？

選挙運動のときは特別だ、という立場で、言った人がそこまで覚悟をしてなかったんだろうな、というのは想像できますね。あまりに軽い気持ちで言ったような気はするけれど、ただ政治の世界だとやったらやり返されるのは覚悟しなきゃいけないところはあるので、それをそこまで一般の人にも求めるのは酷だなと思いつつもただ言った内容も内容なので。なぜ嘘つきなのかというのを問い詰めたときに、言った人が説明というか話はすべきだったのではないかな。あの場はあの方が逃げようとしたというのがあったので、そういう意味で警察に任せているとこのままだと逃げられるし話がややこしくなるから今のうちに逮捕しておくと立花氏は言っていて。いいとは思いませんが、いたしかたないなと思います。

——あれだけ囲まれてたら説明はできないんじゃないかなと僕は思うんです。怖いですよね？

まあそうですね。怖いですよね。

——怖いという感覚は持っていますか？

たぶんあると思います。

——浜田先生自身はあまりそういった場に参加されていないですよね。参加しないようにしているのですか？

岡山県にいたので、たまたまいませんでした。

──その場にいたら一緒になって逮捕というか、取り囲みましたか？　あるいは止めに入るのでしょうか？

どうでしょうね。様子は見るけど、積極的に止めるかというと……。まあ、逮捕の件に関しても、それも含めて後々の有権者の判断は下るかなと思って……。懸念はおありなんでしょうけど、でもさすがに自民党を覆《くつがえ》すっていうことはもうよっぽどのことないとできませんから。

N国党批判に対する仕返しについて

──私もN国党が政権与党になったりすることはないと思うんですけど、N国党自体というよりも、N国党によって切り開かれた地平によって出てくるすごさと言いますか、たとえば文部科学大臣の柴山昌彦氏が「ヤジはだめだ」って言い出したりしてるわけですけれども、ヤジといっても一定程度超えるといけないのですが、いけないっていうことばかり強調してしまうと、選挙中の政治家には何も言ってはいけないんだ、という誤解が生じて、表現萎縮につながってくると思っているわけですね。

立花さんはもう批判は大歓迎と言ってるので、ネット上でいくらでも批判はしてください、というスタンスなので、そこはちょっとずれてるのかなっていう気はするんですよね。

――批判は歓迎っていうふうにおっしゃるんだけれども、批判者であるちだいさんとかもそうですけれども、大橋さんとか立花さんに住所を晒されて、N国党支持者に物を送りつけられる、というような状態があります。マツコ・デラックスさんの件にしてもそうですけれど、批判したらひどい目にあう、するとその批判自体を躊躇してしまう、という効果を生むと思います。本人が口では「歓迎」と言っていてもです。そのあたりについてはどう思われますか？

ちだいさんの場合は、松戸の一件（2018年6月の松戸市長選において、政治活動家の大袈裟太郎・仁尾淳史らが「公約について」質問したところ、選挙妨害だとして立花・大橋らに「私人逮捕」され、大袈裟太郎が負傷した事件）があって、大袈裟太郎さん、仁尾淳史さんたちと妨害をする目的で行った。選挙運動中は特別という意識ですね、政治活動中とはまた別で。そういう意味では、直接その場に行っての批判っていうのには気をつけるというか、批判するひとが慎重になるべきだなと僕は思っています。

――特別だとはいえ、逮捕は慎重に行われなきゃいけない、不当逮捕するのはまずいとか、住所を晒すのはまずい、懸賞金とかかけてとなると、開いてはいけない扉が開いてしまうように思われるんですけれど……。お話はわかりました。ありがとうございます。浜田先生のお話は穏やかで、N国党が今クローズアップされている、強引であったり、暴力的であったりするように見えているところと、すごく対極にいるひとのような気がします。ご自身の中で、立花さんの〝強さ〟のようなものに対する憧れとかリスペクトがあるのでしょうか？

それはあります。自分にないものを持っている人に対する憧れのようなものです。自分でも完全にマネはできないけれども、今後議員になったりすることを考えると、自分としても変わっていかなければならないと思っています。

NHK集金人に暴力団員はいる？

――変わらずに穏やかであってほしいと思います。少し話が戻りますが、NHKの集金人に暴力団関係者がいる、という話は事実だと思っていますか？

どうでしょう、否定は難しい。否定も肯定も難しいと思います。

――基本的にはいると言った人に立証責任というのが生じると思いますが、立花氏からはその証拠が出されていません。その点についてはどう思われますか？　医師としてファクトを重視する仕事を毎日されていると思うのですが。

個人的には確認できないですけれど、その発言が問題であるのであればもっとそういう疑問を沸き上がらせるような世論が巻き起こっていいのかなと思っています。ファクトのチェック……まあ今回の暴力団うんぬんに関しては、もしその発言が問題やと思う人がいればそこを突いていけばいいんじゃないかなって思っています。立花党首も間違ってたりすれば謝るとも言ってるんで。「私は時々間違います、間違ったら謝ります」と言っているのが潔いとは思っています。でも個人的には、えらてんさん（※筆者）に直接（立花党首と）話しをしてみてほしいなと思っています。

――二瓶文徳さんが攻撃された件についてはどう思っていますか？

彼がちょっとだんまりすぎているので、一言ぐらい発してもいいのかなと思っています。立花党首も一言何か連絡はほしいということを言っていたので。あとは二瓶さんの方に期待したいかなと思っています。

――「嘘つき」発言もそうだと思うんですけれど、大勢で囲まれて怒鳴られるのは連合赤軍の総括などに類するといいますか、集団で非難する、反省しろ、発言しろ、って言うとその本人は発言できない。結局殺されてしまうという歴史を思い浮かべるわけですけれど、そのあたり、インテリジェンスによる自浄作用が働かないのかなと思うのですがいかがでしょうか？

何かあったときに謝れば我々は、謝罪があれば許します、というスタンスがあるので、謝罪なり何か、反応っていうんですかね……。

自己批判追及の怖さについて

――相手は悪いとは思っていない場合もありますからね。何かをすれば許すというのは、自己批判すれば許すという、しかし何をすれば許されるのかは指導者が決めるという、連合赤軍と全く同じ構造があると感じます。N国党は情報公開がされているので殺すようになるとは思っていないんですけれども、それに類する行動であるというのは間違いないというふうに思っているのですが、そのあたりについてはどう思われますか？

まあいろんなケースはあると思うんで、それぞれのケース、まあ心配ではあるんですけれど、最悪の事態にはならないでほしいとは思っています。最終的に繰り返しになりますけど、有権者の判断に仰ぐ、というところでしょうか。

――そのときに、有権者は間違ってるんじゃないか、って思ったりすることはないのでしょうか？

有権者の判断をごちゃごちゃ言い出すとちょっと話がややこしくなるんですよね。

――私としては、ややこしい話を浜田先生には期待しているんですね。やっぱりいろいろややこしいですから、実際の社会は。N国党には「単純化の論理」が働くと思っていまして、スクランブル化に賛成なのか反対なのか、既得権益をぶっ壊すのかぶっ壊さないのかから始まって「裏切りものは糾弾されて当然、謝れば許すんだから」というのも一つです。単純な理屈というのは、ひとを暴力に駆り立てるというのが、私の経験則であり、歴史の教訓だと思うのですね。なので、N国党の内部のインテリにはできるだけ複雑な思考であってほしい。浜田先生には今後も複雑な思考であられることを期待したいわけです。

なるほど、そうなんですね。

――長々とありがとうございました。

「有権者の判断」は正しいのか

浜田はもともと著者のツイッターのフォロワーで、N国党から立候補していることを知り、参院選前に一度会食をして内部事情を聞いた。

今回、会うのは2回目であるが、物静かで穏やかな医師である浜田のインタビューからは、立花党首の考えがトレースされており、複雑な思考や、良識的な判断といった基準が失われているように感じられた。はっきり言えば、深い洗脳状態にあるという印象だ。

「怖いという感覚は持っていますか？」という質問に対する「〝たぶんある〟と〝思います〟」

という言葉がその証拠になっている。

「有権者の判断」というが、N国党は落選したところで自身の行動を顧みることはない——落ちる選挙だった、売名だと宣言して終わりだ。当選すればそれまでの全ての不祥事が「有権者の信を得た」のだと喧伝《けんでん》し、落選しても「不祥事が悪かったんだ」と反省することはない。

特に「相手が謝罪すれば許す」という、自分たちがこの件について誤っていることはないという確信のもとで、「謝罪をすれば許す寛容さ」を自認していることは大きな問題だ。人間は悪いと思っていないことで謝ることはできない。それを強要するとすれば、人権問題になりかねない。

自己反省のロジックを持たない「無謬《むびゅう》の指導者」が独善的に突き進み、社会に大きな害悪をもたらす様をわれわれは繰り返し目撃してきたが、内部のインテリもそれを止めるロジックを持っていないどころか、それを無批判に強化している様にさらに衝撃を受けた。大きな事件が起きないことを願うばかりだ。

第五章のまとめ

◆立花に深く洗脳されている党員と、洗脳されていないけれど利益を求めて、つまりN国党の数字を求めて、意識的に近づく人間が存在する。

◆N国党に関わる代表的なインテリふたりにN国党の組織図や、指揮命令系統を問うと、N国党はネットワーク型であることがよくわかる。

◆組織を強引に引っ張っていってくれる実行力やリーダーシップを持った人物に対して過剰な憧れを抱くN国党員が多くいるようだ。

◆N国党を批判する人は党の内部の人間関係がない人たちによってなされている。結果、N国党を過剰に恐れたり、逆に軽視したりするという誤解のもとになっている。

おわりに

知性と良心を取り戻すために

私が立花孝志を知ったのは、2013年頃だった。泡沫候補を観察するのが好きで、マック赤坂や又吉イエスと同じ枠で「変わった面白いおじさん」として認知していた。

NHK相手の裁判、いわゆるワンセグ訴訟や、イラネッチケー（NHKの電波を止める機器）を取りつけることで受信料の支払義務をまぬかれられるかとした裁判で、取り外せるから駄目だと敗訴したのちに溶接して再度訴えたり、「気合いの入った、面白いひともいる」と感じたのを覚えている。

2015年に船橋市議選に当選したときは、驚きもしたが、そういった強い気持ちがあるひとが政治家になるのは悪いことではないよな、と好感を持った。

2016年の東京都知事選での「さて、私はこの放送で『NHKをぶっ壊す』って何回言ったでしょうか？」というコミカルな政見放送は、泡沫候補好きとして大変楽しく思えたのを覚えている。ユーチューブでのNHKとの緊迫したやりとりは、精査しなければテレビ番組にも劣らないドキュメンタリーのようにも見えた。


私は独自に執筆活動や、ユーチューブでの動画配信をするなかで、立花氏がNHKの「記者」だったと名乗りながら、度々初歩的な漢字を間違えたりすることに疑問を持ち、調べたところ記者である事実はないと確信した。

そのような経歴詐称《さしょう》をする人物が政治家を務めていることに疑問を持ち、2019年1月に立花を揶揄《やゆ》する動画を投稿したところ、たちまち支持者によるコメントスクラムが行われ、炎上状態になった。

「たまたま区議となった一泡沫候補のおじさん」という印象はまったく誤りであったことにそこで気づき、精査をはじめた。その結果、大変危険な団体であるという結論が得られたのである。

２０１９年4月に、私が拠点にしている東京都豊島区を含む26の選挙区で当選者を出し、その開票速報に５０００人を超える視聴者がスーパーチャット（ユーチューブ上の投げ銭機能）をつかって大金を投げて当選を祝っている様子を見て、予想以上の勢力を誇っていることを知った。

幸か不幸か、ユーチューバーである私の支持者と立花の支持者は重なっているところも多かった。インタビューに応じてくれた参議院議員の浜田聡や、荒川区議の夏目亜季はツイッター上での私の「フォロワー」であり、様々な情報を提供してくれた。足立区議選に立候補した加陽麻里布は私が経営するイベントバー「エデン」に何度も顔を出してくれていた。

私も含め「インターネット上の面白いひと」として同じくくりにされているようだが、N国党は発展途上国における虐殺を示唆するなど危険度が段違いであり、

「人気ユーチューバー」と一緒にされるべきではない。まして党員が国会議員になるべきでもない。

むしろ、「インターネット上の面白いひと」こそが警鐘《けいしょう》を鳴らさなければ、いわゆる「インフルエンサー」となった立花の危険思想がはびこる原因にもなりかねない。そこがわからず、戦略が素晴らしいなどと持ち上げてしまう堀江貴文やメンタリストDaiGoといった「知識人インフルエンサー」の良心のなさ、節操のなさ、倫理観の狂い方には失望するほかない。

マルクスの言うように、「下部構造が上部構造を規定する」というところだろうか。数字が取れるものが倫理になる。それはまっぴらごめんだ。


私は立花本人に会ったことがない。会っても何か新しいことが聞けるとも思えないし、その本性がけがらわしいので話す気も起きない。本人の主張は動画で出しきっているので聞きたいこともない。

そんな中で、立花の演説には足を運んで直接取材し、スラップ訴訟にも負けず一次情報を提供し続けている選挙ウォッチャーちだいさんや、ライターの畠山理仁さんの正確な取材なくては、本書執筆のきっかけは掴めなかったし、本書は成立しなかった。直接お目にかかったことはないが、この場を借りて御礼申し上げたい。

今回の書籍で、2019年9月までにN国党が起こした大きな騒動は一応ひと通り網羅《もうら》されているはずだが、N国党が起こす個別の騒ぎにあまり意味はない。本書が出たあとも、また新たな騒動が起こり続けるはずだ。

重要なのは「なぜそのような騒動が起こるのか」「なぜそのような不祥事が起きてもN国党は存続し続けるのか」という点であり、本書で紹介した「ユーチューブのロジック」はその回答になるものだ。

様々な人間が自由に意見を発信できるようになったいまの時代に、デマと悪意をまき散らし勢力を拡大した団体が国会議員まで生み出し、自由な意見の発信をスラップ訴訟などで封じていく様は寓話のようだが、現実に進行している問題である。

たとえN国党が潰れても、その芽は生き続け、悪しきファシズムに結びつくことも十分ありうる。既存政党がN国党のロジックを内部化することもありうるし、新たなN国党が出てくる可能性もある。

ジョージ・オーウェルが『1984年』で描いた「テレスクリーン」を、政府ではなく我々個人が持っているのである。

N国党は日常に飽き飽きした、自身をもっと偉大な存在であると信じたい矮小《わいしょう》な個人の受け皿になりながら肥大化している。

今、子どもたちはテレビを見ない。ユーチューブですら最後までは見切れない。TikTokの15秒動画に慣れ親しみ、その多くが政治的に「中立」的なものだ。そんなメディアとの関わりのなか、「NHKをぶっ壊す」と「若者は選挙に行こう」というメッセージが結びつけば、将来的にN国党はより肥大化することは想像に難くない。

本書を執筆して気づいたことは、N国党はパチンコの打ち子組織であるということだ。立花がＮＨＫ退職後は打ち子を雇ってパチンコで稼いでいた「パチプロ」であったことは本人の公言するところであり、「国会議員を早くやめてパチプロに戻りたい」とも発言している。しかし、私の見立てでは、いまの立花にとっては選挙がパチンコであるということだ。

立花の２chへの書き込みを分析すると、２０１１年くらいまではＮＨＫ憎しと俺はパチンコで稼いでる勝ち組だという自慢が半々。

２０１５年に初当選し、それ以降党から出れば受かるという状態になり、人と金が集まってきたことで、ルサンチマンが表面的には解消され、選挙そのものに快楽を見出すようになったと思われる。

〝選挙は開店イベント、自分は打ち子の元締め、党員は打ち子、有権者は出玉〟と考えればわかりやすい。

埼玉県知事選に「打ち子筆頭」である浜田聡を出馬させる。市ごとの得票率をデータ化し、その計算に基づいて選挙選を戦う。

パチンコのデータ取りそのものであり、「数字に強い」というのも頷《うなず》ける。

そのために立花は参議院議員を辞めた。私は立花が参議院議員を辞めるとは予測できなかった。立花は次の衆院選を狙うために辞めているわけだ。有権者を愚《ぐ》弄《ろう》するなと言っても愚弄できてしまうのだから意味がない。民主主義とは実際そういうものなのだから。

民主主義のルールに則って出てきたモンスターなのだということを忘れてはいけない。民主主義を破壊するなというのは逆に嘘で、立花は民主主義のなかの公職選挙法を隅々まで熟知した上で、こうすれば勝てる、こういう攻略法があると、まるでパチンコ攻略法のように選挙を面白がっている。そして実際に選挙で公職選挙法を分析して攻略法を実践して勝っているのだから。

だから侮ってはいけない。実際にそういう意味では立花は天才だし、戦略は優れている。現に参議院議員になったわけだから。地盤看板カバンなしでユーチューブを使ったメディア戦略で参議院議員になれる人はいない。だから実力は認めた上で対策は練っていくべきなのだ。しっかりした対策を練らないと本当に社会が破壊されてしまう。

自分を捨てたＮＨＫに対する復讐からはじまった選挙自体が立花は好きになり、社会的地位や金がついてきたため、当初はあったＮＨＫに対するルサンチマンも今は薄れてきた。

２０１９年７月の参院選までは〝ＮＨＫをぶっ壊す〟のワンイシューだったのが、10月には〝既得権益をぶっ壊す〟になり、11月の海老名市長選では「高所得者を優遇し海老名をドバイにする」などと語っていかにも支離滅裂だ。

立花はもはやＮＨＫをぶっ壊す政治家ではなく、選挙中毒者、選挙ジャンキーである。

筆者もＮ国党のカルト化、暴力化の可能性について問われることがあるが、立花に麻原のような野望はない。金、女があれば満足するパチンコ中毒者であり、その延長線上で選挙をやっているにすぎない。パチンコ屋にいる粗暴なオヤジというのが立花の本質である。だからオウム真理教のようになることはないだろう。

ユーチューブロジックによって立花が率いるN国党の躍進を考察したとき、〝テクノロジーは生活を豊かにするが、危険をはらむものでもある〟という教訓を思い出す。そんな使い古された教訓に、われわれは何度でも立ち戻らなければならない。それができるのは、読者諸賢の知性や良心だけなのである。

「N国党は怖くありませんか？」〜N国党に関するQ&A

Q1. 恫喝や襲撃、私人逮捕、または裁判の乱発など、N国党に関わると怖くはありませんか？

A1.

これは私が受ける質問のなかで一番多い質問です。はっきり言いますが、怖くありません。彼らはまともな喧嘩ができません。つねに喧嘩をしているように見せているだけです。桜井誠さんとの対談でも、菅野完さんとの電話対談動画でも、ちだいさんとの裁判でもそうですが、立花孝志は反論されるとまともな反論を返すことができません。まともな反論をする頭もなければ、度量もない。「NHKをぶっ壊す」と言っていますが、NHKとバトルをしているように見せているだけです。つまり、弱いものいじめをしているのと一緒。

たとえば、NHK会長の家に押しかけたりしているけれど、相手が出て来ないことをわかってやっているんです。普通はそんなことされたらたまったものじゃないでしょう。押しかけられた家には幼い子どもだっているかもしれない、普段はのどかに暮らしている家族だっているんですよ。そんな嫌がらせをしても当然だと思っているなら、そういう人間は最低なんですね。下衆なんです。

そんなN国党の支持者だって同程度の人間だということです。集団でいじめをしているのと同じ。有象無象の輩がオフ会に集まってきてひと様に迷惑をかけているようなものです。集団でないといきがれない暴走族と一緒なんです。

私の本に対して、私の言論に対して、堂々と言論で反論したらいいじゃないですか。そんなことできる連中じゃありません。私が身をもって証明してあげます。

Q2. なぜN国党は選挙に強いのでしょうか？

A2.

選挙で勝つための攻略法を探究しているからです。その探究心は凄まじい。選挙ハッカーだからですね。立花孝志は以前にパチプロで稼いでいたと公言していたほどでした。つまり立花にとって選挙はパチンコに替わるものだったんです。参議院議員を辞め、参院埼玉選挙区補選に立候補して破れましたが、参院の国会議員として同党から繰り上げ当選したのは浜田聡です。立花は埼玉選挙区のどこの地域で票が集まっていたのかを、次期衆院選に向けてデータを収集している。そして分析しているんです。どこならどれくらいの得票率で当選できるか。そう、まるでパチンコで勝つためのデータを収集しているかのように、です。そして北関東は狙い目だと立花は考えたわけですね。

さらに立花は海老名市長選挙に立候補し破れました。しかしN国党が話題になったおかげで市議選ではN国党員が当選している。だから決して立花は敗北しているわけではないんです。N国党員が選挙で勝つためにどこの選挙区が有利なのかを彼は6年前の地方選から地道にデータを収集してきたんです。この探究心たるや並大抵ではないことは確かです。

Q3. なぜ立花孝志は負ける裁判をするのでしょうか？

A3.

立花にとって裁判は敵対視する相手への脅しであること。また自身のユーチューブ再生回数を上げるための炎上ネタでしかありません。

そして、人間の興味というものはいつまでも持続しないということを立花はよくわかっている。細かい結果まで誰も見ようとはしないことを知っているんです。だから裁判で負けたことは決して言わずに、自分が訴えて被告となったものに対して、「被告」「被告」と連呼しつづけるんですね。

そうすることで大衆は騙されるということもわかっているから、何度も裁判をして、相手を被告呼ばわりする。そして、あたかも自分たちが勝訴しているようなイメージを大衆に植え付ける。でも1回も裁判に勝ってませんから、立花は。

Q4. なぜ立花孝志の周囲には人が集まっているのでしょうか？

A4.

立花はある種の〝人たらし〟です。やはり人間的に魅力はあるのでしょう。愛嬌《あいきょう》もあるし、幼い頃は貧乏で不遇な環境から立ち上がったという庶民的なイメージをつねに大衆に持たせている。

また自ら統合失調症だったとか、双極性障害だったとか、精神病を患っていた過去も晒け出しています。あるいは、自分がよく遅刻するような人間であることを告白し、遅刻する人間を自分は咎《とが》めないとも言っている。そう語る立花はまるで弱い人間の味方であるかのように見える。しかしあえて彼はそう見せているのです。

周囲の人間も立花が豹変《ひょうへん》するまでは本性がわからない。だから一見、彼の周りにはつねに人が集まっているように見えるんですね。

Q5. なぜN国党には高学歴の人が集まっているのでしょうか?

A5.

実際にはそれほどいません。高学歴の人が集まっているように見えているだけです。これぞユーチューブのマジックで、数少ない高学歴の党員を頻繁《ひんぱん》に取り上げているからインテリがたくさん増えているように見えるんですね。

たとえば、ホリエモン（堀江貴文）やDa-iGoが立花を支持していると語ると、立花はすぐさまホリエモンやDa-iGoは自分のことを「支持してくれている」とか「頭がいいと言ってくれた」などと何度も何度もユーチューブで立花は語るんですね。

そうすれば大衆は騙されるということを知っているから自覚的に特定の著名人を自分の支持者だとイメージ付けするんです。

N国党略年表

2005年7月	▪立花孝志が懲戒処分を経てNHK退職。週刊文春で内部告発。2chへの書き込みを始める
2007年	▪NHKを相手に初の裁判
2011年9月	▪立花がユーチューブチャンネルを開設
2012年	▪はじめてNHK職員を「私人逮捕」する。その後〝私人逮捕〟を繰り返し、2019年8月までに4度被疑者となっている（いずれも不起訴）。
2012年9月	▪(株)立花孝志ひとり放送局を創業
2013年6月	▪NHK受信料不払い党を設立
2013年7月	▪NHKから国民を守る党に名称変更
2013年9月	▪立花が大阪府摂津市議会議員選挙に立候補、落選
2014年2月	▪立花が東京都町田市議会議員選挙に立候補、落選
2015年4月	▪立花が千葉県船橋市議会議員選挙に立候補、当選

2015年6月　■「イラネッチケー」裁判、後に敗訴

2015年8月　■NHK集金人の訪問を違法として女性に訴訟を起こさせ、訴権の濫用として逆に54万円の支払いを命じられる

2015年12月　■大橋昌信が埼玉県朝霞市議会議員選挙に立候補、当選

2016年4月　■多田光宏が埼玉県志木市議会議員選挙に立候補、当選（後に除名）

2016年7月　■立花が船橋市議を辞して東京都知事選に立候補、落選

2016年10月　■「レオパレス」裁判、一審勝訴も二審で逆転敗訴、最高裁で敗訴確定

2017年1月　■立花が大阪府茨木市議会議員選挙に立候補、落選

2017年5月　■書籍『NHKをぶっ壊す！受信料不払い編』出版（立花孝志・大橋昌信著）

2017年6月　■武原正二が兵庫県尼崎市議会議員選挙に立候補、当選

2017年7月　■立花が東京都議会議員選挙（葛飾選挙区）に立候補、落選

2017年11月　■立花が東京都葛飾区議会議員選挙に立候補、当選

2018年2月　■深沢ひろふみが東京都町田市議会議員選挙に立候補、当選

2018年4月　■酒谷和秀が埼玉県春日部市議会議員選挙に立候補、当選

2018年6月	■久保田学（横山緑）が東京都立川市議会議員選挙に立候補、当選
	■中村典子が千葉県松戸市長選挙に立候補、落選
	■選挙運動中、大袈裟太郎、仁尾淳史、選挙ウォッチャーちだいの3名が中村に取材をしたところ「私人逮捕（大袈裟太郎が負傷）」
2018年10月	■中曽ちづ子が兵庫県川西市議会議員選挙に立候補、当選
2018年11月	■中村典子が千葉県松戸市議会議員選挙に立候補、当選
2018年12月	■宮内としが千葉県八千代市議会議員選挙に立候補、当選
	■冨永雄二が東京都西東京市議会議員選挙に立候補、当選（後に除名）
2019年3月	■掛川暁生が東京都台東区議会議員選挙に立候補、当選
2019年4月	■統一地方選挙に47人の候補者を擁立、夏目亜季、くつざわ亮治、佐々木千夏、二瓶文隆、二瓶文徳ら26名が当選。後にくつざわ、佐々木、二瓶文隆、二瓶文徳らが除名・離党。立花のユーチューブチャンネル登録者数が10万を超える。
2019年5月	■堺市長選挙中にマイクで立花を小突いた聴衆を私人逮捕
2019年6月	■立花が大阪府堺市長選挙に立候補、落選

2019年7月

■参議院議員選挙に41名が立候補、比例代表で立花が当選、公職選挙法上の政党要件を得る

■丸山穂高が入党

■渡辺喜美と立花が会派「みんなの党」を結成

2019年8月

■上杉隆が幹事長に就任

■浜田聡が埼玉県知事選に立候補、落選

■大橋昌信が柏市議会議員選挙に立候補、当選

■柏市議会議員選挙中に野次を飛ばした聴衆を「私人逮捕」

■マツコ・デラックスの発言に抗議し東京MXテレビを攻撃

■立花「NHK集金人に暴力団」発言

2019年9月

■東京都新宿区議会議員の松田みきが居住実態がないとして当選無効

■ゆりゆりえが長野県長野市議会議員選挙に立候補、落選

■信時一智が大阪府交野市議会議員選挙に立候補、落選

■五十嵐浩之が山形県天童市議会議員選挙に立候補、当選

	■立花が二瓶文徳に対する脅迫容疑で月島警察署より事情聴取を受ける
	■立花「竹島を捨てる」発言
	■立花「虐殺」発言
	■くぼた学のちだい氏への訴訟がスラップ訴訟と認定され78万円の損害賠償が認められる
2019年10月	■党首の立花が参議院埼玉県選挙区補欠選挙に立候補したことにより、参議院議員を失職
	■第25回参議院議員通常選挙の比例代表選挙において次点の浜田聡の、立花の失職に伴う繰り上げ当選が官報において告示された
	■上杉隆が選対委員長を辞任し、立花が選対委員長を兼務するなどの人事を発表した（30日の党総会で承認後、正式就任）
2019年12月	■所属議員　国会議員2名（衆議院議員1名、参議院議員1名）
	■院内会派所属の党外国会議員1名（参議院議員：会派「みんなの党」に所属の渡辺喜美）
	■地方議員：34人（2019年12月現在）

撮影　平山訓生
装幀　百魔

著者略歴

えらいてんちょう（矢内東紀）

1990年12月30日生まれ。慶應義塾大学経済学部卒業。バーや塾の起業の経験から経営コンサルタント、YouTuber、著作家、投資家として活動中。2015年10月にリサイクルショップを開店し、その後、知人が廃業させる予定だった学習塾を受け継ぎ軌道に乗せる。2017年には地元・池袋でイベントバー「エデン」を開店させ、事業を拡大。その「エデン」が若者の間で人気を呼び、日本全国で10店、海外に1店（バンコク）のフランチャイズ支店を展開。各地で話題となっている。2018年12月には初著書『しょぼい起業で生きていく』（イースト・プレス）を発売し、ベストセラーに。朝日新聞ほか多くのニュースメディアで取り上げられたことで老若男女問わず幅広い世代層から支持されている。2019年3月には『しょぼ婚のすすめ〜恋人と結婚してはいけません!』、『ビジネスで勝つ ネットゲリラ戦術【詳説】』、『静止力〜地元の名士になりなさい』の3冊をKKベストセラーズより同時刊行。YouTube「えらてんチャンネル」のチャンネル登録者数は約15万人（2019年12月現在）。

「NHK《エヌエイチケイ》から国民《こくみん》を守《まも》る党《とう》」の研究《けんきゅう》

2020年1月5日　初版第1刷発行

著者　えらいてんちょう（矢内東紀《やうちはるき》）

発行者　小川真輔

発行所　株式会社ベストセラーズ
〒171-0021 東京都豊島区西池袋5-26-19
陸王西池袋ビル4階
電話 03-5926-6262（編集）
電話 03-5926-5322（営業）

印刷所　錦明印刷

製本所　フォーネット社

DTP　三協美術

  ISBN978-4-584-13957-8 C0095